Carl Maximilian Krahmer

Über die Sunde welche Grönland in west-östlicher Richtung durchschneiden sollen

Carl Maximilian Krahmer

Über die Sunde welche Grönland in west-östlicher Richtung durchschneiden sollen

ISBN/EAN: 9783743314542

Hergestellt in Europa, USA, Kanada, Australien, Japan

Cover: Foto ©ninafisch / pixelio.de

Manufactured and distributed by brebook publishing software (www.brebook.com)

Carl Maximilian Krahmer

Über die Sunde welche Grönland in west-östlicher Richtung durchschneiden sollen

ÜBER DIE SUNDE

WELCHE

GRÖNLAND IN WEST-ÖSTLICHER RICHTUNG DURCHSCHNEIDEN SOLLEN.

INAUGURAL-DISSERTATION

ZUR

ERLANGUNG DER PHILOSOPHISCHEN DOCTORWÜRDE

WELCHE MIT

GENEHMIGUNG DER PHILOSOPHISCHEN FACULTÄT

DER

VEREINIGTEN FRIEDRICHS-UNIVERSITÄT HALLE-WITTENBERG

SAMMT DEN ANGEHÄNGTEN THESEN

AM 3. OCTOBER 1885 MITTAGS 12 UHR

ÖFFENTLICH VERTHEIDIGEN WIRD

CARL KRAHMER
AUS HALLE A. S.

OPPONENTEN:

ERNST WILKE, CAND. PHIL.
HEINRICH HERTZBERG, CAND. PHIL.

HALLE A. S.
GEBAUER-SCHWETSCHKE'SCHE BUCHDRUCKEREI.
1885.

Es existirt bis zum heutigen Tage noch keine zusammenfassende Darstellung unserer geographischen Kenntnisse von Grönland, obwohl dasselbe von allen Polarländern ohne Zweifel das am gründlichsten erforschte ist. Die Beobachtungen und Forschungen, die bisher ausgeführt wurden, sind also noch zerstreut in den Berichten der grösseren Expeditionen oder der einzelnen Reisenden, und in diesem Umstande hat man auch die Ursache dafür zu suchen, dass so manche Frage der physischen Geographie von Grönland noch niemals erschöpfend und umfassend behandelt worden ist. Jeder Bericht hält sich natürlich immer nur an ein bestimmtes, begrenztes Untersuchungsfeld und nimmt wohl dann und wann auch Bezug auf die in anderen Gebieten Grönlands gesammelten Erfahrungen; will man aber über irgend welchen Zweig der physikalischen Geographie des ganzen Landes sich Belehrung verschaffen, so ist man genöthigt, eine grosse Anzahl von Büchern durchzugehen; denn selbst für dieses Polarland hat die geographische Literatur allmählich einen bedeutenden Umfang gewonnen, ist es doch ein Eldorado für eiszeitliche Forschungen und Sitz von ständigen europäischen Niederlassungen.

Es soll die Aufgabe der vorliegenden Arbeit sein, eine auf die Topographie Grönlands bezügliche Frage eingehend zu erörtern, die Frage nämlich, ob Grönland — abgesehen natürlich von den äusseren Küsteninseln — ein von Süden nach Norden und Osten nach Westen ununterbrochen zusammenhängender Länderraum oder aber nur ein Archipel von Inseln ist.

Schon in den ältesten über Grönland vorhandenen Karten und den frühesten gedruckten Berichten wird diese

Frage berührt und in dem einen oder dem anderen Sinne entschieden; unsere Untersuchung muss desshalb auch auf die Anhänge der Entwicklung unserer geographischen Kenntnisse von Grönland zurückgreifen.

In der zweiten Hälfte des 16. Jahrhunderts wurden wie von Dänemark so auch von England wiederholt Schiffe nach dem unbekannten NW. ausgesandt[1]); während aber die dänischen Schiffe den Seeweg nach Grönland wieder auffinden und die seit dem Anfang oder doch spätestens seit der Mitte des 15. Jahrhunderts abgebrochene Verbindung mit den dortigen Normannen-Kolonien wieder herstellen sollten, war es das Ziel der Engländer, auf diesem Wege die für überschwenglich reich gehaltenen Länder des ö. Asiens zu erreichen. Zu den englischen Expeditionen dieser Art gehören u. a. auch die drei Reisen des Martin Frobisher in den Jahren 1576—1578. Es greift jedoch über unser Interesse hinaus, den Verlauf dieser Reisen hier im einzelnen zu verfolgen[2]); es genügt hervorzuheben, dass Frobisher auf jeder seiner Expeditionen den nach ihm benannten Busen von Baffinsland erreichte, dass er selbst aber diesen Busen für eine Meeresstrasse hielt; das ferner in Folge der Ungenauigkeit des über Grönland und die benachbarten Gebiete damals vorhandenen Kartenmateriales, in Folge der höchst mangelhaften Längenbestimmungen und in Folge von irrigen Schlüssen Frobishers selbst über den Zusammenhang des Grönlands unserer Tage, dessen Südspitze er passirt hatte, mit den w. davon gelegenen Ländern, auf den nach jener Zeit erscheinenden Karten die „Frobisher-Strasse" als ein Sund quer durch das südliche

---

1) Hans Egede, Beschreibung und Naturgeschichte von Grönland. Uebersetzt von D. Joh. Ge. Krünitz. Berlin 1763. pag. 50 ff. — Account of Iceland, Greenland and the Faroo Islands, with Illusustrations of their natural History. Edinburgh 1840. p. 277 ff. — Die zweite deutsche Nordpolfahrt; 1. Bd. pag. 250 ff. — Anton v. Etzel, Grönland geographisch und statistisch beschrieben. Stuttgart 1860. pag. 61, 62.

2) Das Ausland. Jahrgang 1878. pag. 421, 454, 464, 488. — Friedrich von Hellwald, Im ewigen Eis. Stuttgart 1881. pag. 332—39.

Grönland gezeichnet wurde[1]). Die Ungenauigkeit der zur Zeit Frobisher's kursirenden Karten über die nw. Gebiete des Atlantischen Oceans ist leicht erklärlich, waren sie ja nur nach den von den Normannen überlieferten Sagas und nach den Reiseberichten der Gebrüder Zeni und des Portugiesen Gaspar Cortereal entworfen worden[2]); alle diese Berichte waren aber ohne Längen- und Breitenbestimmungen, erfuhren desshalb auch mehrfache Deutung und trugen dadurch natürlich auch sehr zur Verwirrung der Kartenbilder bei[3]).

Der Irrthum aber, der darin bestand, dass die „Frobisher-Strasse" in das südliche Grönland eingezeichnet wurde und an dieser Stelle also eine offene, fahrbare Meerenge existiren sollte, musste um so allgemeinere Verbreitung finden, weil zur Zeit Frobisher's eine neue Aera der Befahrung der w. von Grönland gelegenen Meerestheile begann; denn in das Ende des 16. und in das 17. Jahrhundert fallen nicht nur die Grönland-Expeditionen der Dänen und die Versuche der Engländer, auf nw. Wege Chatai und Ostindien zu erreichen, sondern es schickten nun auch die verschiedensten europäischen Nationen Walfischfahrer-Flotten nach der Davis-Strasse und Baffins-Bai, um den Fischreichthum jener Meere auszubeuten[4]). Vor allen thaten dies die Holländer; daher waren sie es auch, welche die besten Karten über jene Gebiete lieferten[5]), und somit der Ansicht, dass die „Frobisher-Strasse" als ein Sund das südlichste Grönland durchschneide, seit dem Anfang des 17. Jahrhunderts weite Verbreitung verschafften. Ein Vergleich der alten holländischen und nach diesen ent-

---

[1]) Kapitain C. Normann in Geografisk Tidskrift (Kjobenhavn) II. 1878. pag. 54 Anm. — Ausland. Jahrgang 1878. pag. 490. — Peschel, Geschichte der Erdkunde. München 1865. pag. 272.

[2]) Anton von Etzel, Grönland. pag. 4.

[3]) Vergl. dazu: Peschel, Geschichte der Erdkunde. pag. 95, 271, 358—359

[4]) Peschel, pag. 286. — F. v. Hellwald, Im ewigen Eis, pag. 349, 373. — David Cranz, Historie von Grönland; 2. Aufl. Barby 1770. pag. 7.

[5]) David Cranz, pag. 7.

worfenen übrigen Karten mit den im Laufe des vorigen Jahrhunderts von den dänischen Ansiedlern construirten zeigt, dass die „Frobisher-Strasse" in der Breite des Sermiliarsuk-Fjordes südlich von Frederikshaab eingezeichnet zu werden pflegte.¹)

Die Geschichte der Geographie Grönlands bietet uns noch ein zweites Mal den Fall dar, dass ohne jedwede Beobachtung und Erfahrung an Ort und Stelle selbst die Meinung von einer das ganze Land von O. nach W. durchziehenden Meeresstrasse auftaucht.

Es ist bekannt, dass im Laufe des 14. Jahrhunderts der bis dahin mit den Normannen-Kolonien in Grönland von Dänemark und Island aus unterhaltene Verkehr immer seltener und spärlicher wird und im Beginn des 15. Jahrhunderts gänzlich aufhört; nicht nur, dass in Folge dessen die Kenntniss des Seeweges zu den Brüdern im fernen Polarland verloren ging, ja man liess im Mutterlande für geraume Zeit auch völlig ausser Acht, dass überhaupt jenseits des Oceans Stammesgenossen lebten, deren Existenz man früher durch Tausch und Handel gefördert hatte. Der Drontheimer Erzbischof und Kanzler des Königs Christian II. (1513—23) Eirik Axelson Walkendorff hat das Verdienst, zuerst wieder den Gedanken an die Normannen in Grönland wachgerufen und zur Wiederanknüpfung des Verkehrs mit ihnen angeregt zu haben.²) Walkendorff fiel nun allerdings bei seinem König zu bald in Ungnade, so dass er seine Pläne nicht praktisch ausführen konnte; er hat aber von schriftlichen Berichten und den bei seinen Zeitgenossen noch kursirenden mündlichen Ueberlieferungen in Bezug auf Grönland alles gesammelt und in Eins zusammengestellt, dessen er habhaft werden konnte. In seine Sammlung nahm er u. a. auch eine Beschreibung Grönlands auf³), die

---

1) David Cranz, Historie von Grönland. pag. 25, 27. — Karl Giesecke in The Edinburgh Encyclopaedia; conducted by David Brewster. vol. X. Edinb. 1830. pag. 488.

2) Die zweite deutsche Nordpolfahrt. 1. Bd. 236. — Anton v. Etzel, Grönland. pag. 60. — Hans Egede, Beschreibung und Naturgeschichte von Grönland. pag. 49.

3) Zweite Deutsche Nordpolfahrt. 1. Bd. pag. 237.

von Ivar Bardarson, welcher Verweser[1]) der zum grönländischen Bisthum Gardar gehörigen Güter gewesen war, herrührt. In Bezug auf einen der auf der Ostküste gelegenen Busen berichtet Bardarson[2]), dass derselbe so lang sei, dass Niemand das Ende desselben kenne[3]); dieser Busen wurde desshalb „der allerlängste", ollum lengri oder öllum-lengri[4]) genannt. Diese kurze von Bardarson uns überlieferte Charakteristik eines grönländischen Fjordes hat vermuthlich schon Walkendorff veranlasst, auf der Karte, die er zu seiner Sammlung grönländischer Berichte entwarf, zwischen 66° und 69° Breite einen Sund quer durch Grönland zu zeichnen, wodurch er nach zwei Seiten hin Schöpfungen seiner Phantasie gleichsam als durch Erfahrung gewonnene Data der geographischen Kenntniss von Grönland seiner Mitwelt vorlegte. Denn erstens geht aus Bardarsons Beschreibung nicht hervor und wird darin auch nicht einmal als Vermuthung ausgesprochen, dass der als öllum-lengri bezeichnete Meerbusen das ganze Land bis zur gegenüberliegenden Küste als offene Meeresstrasse durchsetze, und zweitens schliesst die Lokalisirung desselben zwischen 66° und 69° n. Br. eine grosse Willkür in sich, denn es ist nach K. von Maurer durch nichts erwiesen, ob Bardarson die Einbuchtungen und Inseln der Ostküste in der Richtung

---

1) „Ivar Bere's Beschreibung von Grönland, mit einer Karte und Vorrede von Arent Aschlund." Kopenhagen 1833. Vorwort, pag. 6. — Det skandinaviske Litteraturselskabs Skrifter; 20. Jahrgang, Kjöbenhavn 1824. pag. 275—276.

2) Eggers nennt denselben Ivar Bardsen, noch Andere Bory, Bere oder Bort. „Ueber die wahre Lage des alten Ostgrönlands durch Heinrich Peter von Eggers;" Kiel 1794. pag. 14. Daselbst wird auch angegeben, dass Bardarson seine Nachrichten über Grönland am Ende des 14. oder Anfang des 15. Jahrh. niedergeschrieben haben muss.

3) In „Ivar Bere's Beschreibung von Grönland" heisst es pag. 7: „Weiter östlich liegt ein Busen, welcher der Allerlängste heisst; derselbe ist an der äussersten Mündung schmal, aber weiter hinein ein breiter, und so lang, dass Keiner das Ende desselben kennt. Er hat keine Strömung und ist voll kleiner Inseln, auf denen es Vögel und Eier giebt. Auf beiden Seiten ist ebenes Land, wo so hohes Gras wächst, desgleichen man zuvor nie gesehen hat."

4) Die zweite deutsche Nordpolfahrt. 1. Bd. pag. 248.

von S. nach N. oder N. nach S. oder überhaupt in irgend welcher Reihenfolge aufzählt.[1])

Ist unsere Annahme richtig, dass bereits der Erzbischof Walkendorff seine Karte in der angedeuteten fehlerhaften Weise entworfen hat, so würde also schon seit dem zweiten Jahrzehnt des 16. Jahrhunderts, mithin lange bevor die zweite Aera der Besiedelung Grönlands durch Europäer begann, in Dänemark und von Dänemark aus auch unter den übrigen Nationen durch Landkarten die Ansicht verbreitet worden sein, dass die beiden Meere im O. und W. von Grönland durch einen das Land in der angegebenen Breite durchschneidenden Kanal mit einander in Verbindung ständen; mit Sicherheit können wir aber das aussprechen, dass die Karte, die Torfaeus, der Historiograph Norwegens, seinem Werke Groenlandia Antiqua (seu veteris Groenlandiae descriptio. Hafniae 1706) beigab, mit dem in Rede stehenden Fehler behaftet gewesen sein muss; denn die Karte des Torfaeus wurde von Hans und Paul Egede benutzt bezw. copirt[2]), wie dies Paul Egede selbst angiebt, und wir sehen, wie sie auf ihren Karten einen das Land zwischen 66 und 69° n. Br. durchschneidenden Sund andeuten. Hans Egede, dem wir — abgesehen von den isländischen Sagas — die ersten ausführlichen und genauen landeskundlichen Mittheilungen über Grönland verdanken, legt die w. Mündung dieses Sundes in die Breite des „Ise Fioerd", an dessen Mündung später die Kolonie Jakobshavn angelegt wurde. Für unsere weiteren Betrachtungen müssen wir es im Auge behalten, dass also nach den durch die beiden Egede und deren Vorgänger publicirten Karten am Eisfjord von Jakobshavn von späteren Reisenden die Einfahrt in einen solchen Sund zu suchen war. Die ö. Mündung desselben bezeichnet Hans Egede als Fioerd ollum longri, und das deutet doch entschieden darauf hin, dass die einzigen[3]) über den letzteren vorhandenen Nachrichten,

---

1) Die zweite deutsche Nordpolfahrt; 1. Bd. pag. 248 Anm.
2) Hans Egede: Beschreibung und Naturgeschichte von Grönland. Deutsch, Berlin 1763. — Paul Egede: Nachrichten von Grönland. Aus einem Tagebuche, geführt von 1721—1788. Kopenhagen 1790.
3) Die zweite deutsche Nordpolfahrt. 1. Bd. pag. 248 Anm. 2.

nämlich die von Bardarson, spätestens von Torfaeus, jedenfalls aber von irgend einem früheren Kartenzeichner derart gedeutet und kartographisch verwendet sein müssen, dass der Meerbusen als ein ganz Grönland durchziehender Kanal erschien. Ueber das wirkliche Vorhandensein einer solchen Strasse oder Meerenge aber konnte Hans Egede zum ersten Male in Europa aus an Ort und Stelle gemachten Beobachtungen Aufklärung geben: er schrieb in den Sund hinein „Soll vor diesem ein offener Pass gewesen seyn; ist aber anjetzt mit einer Eisbrücke belegt".

Wir konnten uns also bisher überzeugen, wie in Folge irrthümlicher Deutung der Resultate der Reisen Frobishers und auf Grund der falschen, nur nach schriftlichen Beschreibungen entworfenen Karten der damaligen Zeit seit dem Ende des 16. bezw. dem Anfang des 17. Jahrhunderts die Ansicht besonders durch holländische Karten verbreitet wird, dass Grönland im S. von der „Frobisher-Strasse" durchzogen werde; wir sahen ferner ebenfalls an der Hand der Geschichte der geographischen Erforschung Grönlands, dass — höchst wahrscheinlich schon im 2. Jahrzehnt des 17. Jahrhunderts, spätestens aber seit dem Jahre 1706 — in Folge allzufreier Auslegung aus der Normannenzeit herrührender Berichte zwischen 66 und 69° n. Br. eine zweite Strasse, die auf Grund jener Berichte Fioerd öllum-lengri benannt wurde, in die grönländischen Karten eingezeichnet worden sein muss. Diese beiden Sunde erschienen also auf den Landkarten bevor Grönland nach dem Untergange der Normannen von Neuem besiedelt worden war und bevor, abgesehen von den in den Sagas enthaltenen Notizen, genaue Beobachtungen über grönländische Naturverhältnisse bekannt waren.

Was nun die ältesten Berichte aus der Zeit der Besiedelung durch die Dänen betrifft, so werden wir leider sehen, dass dieselben nicht dazu angethan sind, die Fehler der Karten von vornherein als solche zu kennzeichnen und einer richtigen Anschauung mit Entschiedenheit Bahn zu brechen. Hans und Paul Egede, David Cranz und Karl Giesecke konnten nämlich die in die Karten eingezeichneten Sunde nicht auf ihren Ursprung zurückführen, sie theilten desshalb mit ihrer Zeit die Ansicht, dass die Kenntniss derselben irgend welchem älteren Beobachter zu verdanken sei und unternahmen es trotz ihrer in dem vergletscherten Polarlande selbst gewonnenen Anschauungen natürlich nicht, auch das Vorhandengewesensein solcher Sunde zu bestreiten, wenn sie auch ihrer Mitwelt wenigstens das verkündeten, dass sie das Vorhandensein derselben nicht mehr hätten constatiren können.[1]) Im Gegentheil, sie führten noch Beobachtungen an, denen man in Europa, wo man noch jeder irgend wie genauen Kenntniss der Natur Grönlands entbehrte, Glauben schenken musste, und die anscheinend kräftige Stützen dafür sind, dass ehemals an gewissen Punkten Meeresarme das Land in seiner ganzen Breite durchschnitten haben.

Der Hinweis auf das Binneneis, das bereits von den Normannen beobachtet und im „Königsspiegel", einem zwischen dem Schluss des 12. und der Mitte des 13. Jahrhunderts in Norwegen verfassten Werk[2]), erwähnt wird[3]); der Hinweis darauf, dass das Binneneis angesichts seiner Mächtigkeit von über 100 m und der geringen Niederschläge, wie sie für die centralen Partien des Landes anzunehmen sind[4]), eine Formation ist, die sich nur in geologischen Zeiträumen bilden konnte; der Hinweis endlich darauf, dass man überall in Dänisch Grönland, wo man von der Westküste aus nach dem Binnenlande zu vorgedrungen ist,

---

1) Karl Giesecke in The Edinburgh Encyclopaedia, vol. X, pag. 481 und 483—489. — David Cranz, Historie von Grönland; pag. 25, 27. — Hans Egede, Beschreibung und Naturgeschichte von Grönland; pag. 33. — Siehe auch die im Folgenden angeführten Citate. — „Herrn Johann Anderson ... Nachrichten von Island, Grönland und der Strasse Davis...". Hamburg 1746. pag. 159—160.

2) Die zweite deutsche Nordpolfahrt; 1. Bd. pag. 241. — Dr. H. Rink, Danish Greenland, its People and its Products. Edited by Dr. Robert Brown. London 1877. pag. 39.

3) Dr. H. Rink, pag. 40. — v. Eggers, die wahre Lage des alten Ostgrönlands; pag. 87, 89.

4) In der vorliegenden Arbeit werden Einzelheiten über das Binneneis und weiterhin über die Oroplastik Grönlands nur in dem Umfange gegeben, als es zur Erörterung der hier angeregten Frage nothwendig ist. Die gesammte Landeskunde von Grönland wird der Verfasser erst später zur Darstellung bringen.

auf den Rand des Binneneises gestossen oder das Ende der Fjorde erreicht hat[1]) könnte genügen, um die Behauptung zurückzuweisen, dass der Mensch in früheren Jahrhunderten freie Wasserstrassen durch das ganze Land sich habe ziehen sehen. Da aber andererseits die zu erwähnenden Berichte bei nur oberflächlicher Betrachtung den Eindruck entschiedener Beweiskraft machen, und da ferner die in den ältesten Karten aufgetauchten und durch diese Berichte beglaubigten irrigen Ansichten sich bis in unsere Tage erhalten haben und hie und da auch noch Anhänger finden[2]), so ist es nothwendig, das Fehlerhafte jedes einzelnen der hierher gehörigen Berichte nachzuweisen.

Bei Paul Egede lesen wir[3]): „Die welche am Isefjord wohnen[4]), glauben, dass in alten Zeiten ein Sund quer durch das Land, bis zur östlichen Küste hin gewesen ist, welches sie daher schliessen, weil sowohl Harpunen als Stücke von Speck mit dem Strome herausgekommen sind und nie zurückgehen." Es muss nun zwar zugegeben werden, dass die Eskimos, gleichwie sie über einen scharfen Ortssinn verfügen, feine und ausgezeichnete Beobachter der Natur überhaupt sind; aber bei ihren Erzählungen den Fremden gegenüber ist entschieden ihre Sucht nach Geschenken, nach Belohnung das massgebende und leitende Moment für sie.[5]) Oft fälschen sie deshalb die Berichte über ihre Erlebnisse und Beobachtungen in beliebiger Weise oder erfinden und erdichten gar Neues dazu, sobald sie Hoffnung haben, so mit ihren Erzählungen besser zu gefallen oder ihnen in den Augen der Fremden grössere Wichtigkeit, sich selbst aber in Folge dessen ein desto

---

1) Petermanns Mittheilungen. 1871. pag. 389. — Dr. H. Rink, Danish Greenland. pag. 41.
2) Nach Dr. H. Rink in Geografisk Tidskrift, I. 1877. pag. 14. — Dr. R. Brown in Petermanns Mittheilungen. 1871. pag. 389. — Dr. E. K. Kane: „The U. S. Grinnell Expedition in Search of Sir John Franklin." London und New York 1854. pag. 53, 54. — H. Rink: Om Gronlands Indland og. Muligheden af at berejse samme. Kopenhagen 1875. pag. 10, 12 ff.
3) Paul Egede, Nachrichten von Grönland. pag. 151.
4) Er meint die Eskimos am Eisfjord von Jakobshavn.
5) vergl. A. v. Etzel, Grönland. pag. 340.

grösseres Geschenk zu verschaffen.[1]) So mögen es auch die Eskimos Paul Egede gegenüber gethan haben, der auf Grund der Karten seiner Zeit, wie wir oben sahen[2]), Ursache hatte, in der Gegend des Eisfjords von Jakobshavn nach einem ganz Grönland durchziehenden schmalen Meeresarm zu suchen und seine Fragen an die Eskimos auch in entsprechender Weise gestellt haben wird. „Wir wollen noch hinzufügen", sagt Dr. Heinrich Rink, unstreitig der beste Kenner der Landes- und Volkskunde von Grönland, „dass die grönländischen Sagen, in denen man eine Bekräftigung für das ehemalige Vorhandensein von Sunden zu haben glaubt, jeden Grund zu dieser Annahme vermissen lassen, und zum grossen Theil hervorgerufen zu sein scheinen durch die Anfragen der Europäer über diesen Gegenstand."[3]) Die Eskimos selbst konnten das Vorhandensein eines Sundes auch nur „in alte Zeiten" zurückversetzen; in der Zeit, in der Egede unter ihnen weilte, sahen sie ebenso wie Egede selbst, wie ein gewaltiger Binnengletscher den Abschluss jenes Fjordes nach dem Binnenlande zu bildete — wer möchte aber daraus schliessen wollen, dass früher einmal, d. h. seit dem der Mensch diesen Boden betreten hat, an dieser Stelle eine Meeresstrasse bis hinüber zur Ostküste geführt hat!

Paul Egede giebt ferner an, dass während seines Aufenthaltes in Grönland in der Davis-Strasse einmal von einem holländischen Walfischfänger ein bereits harpunirter Walfisch erbeutet worden sei. Der betr. Commandeur des Schiffes habe das Zeichen an der Harpune als das eines ihm befreundeten Walfischfahrers erkannt, und durch Vergleich der Tagebücher sei nachher constatirt worden, dass der Walfisch drei Tage bevor er in der Davisstrasse gefangen wurde von dem letztgedachten Walfischfahrer, der auf Spitzbergen gesegelt war, harpunirt wurde.[4]) Zwischen

---

1) siehe Prof. Laube in „die zweite deutsche Nordpolfahrt." 1. Bd. pag. 142.
2) siehe pag. 6.
3) H. Rink: Om Grönlands Indland...; pag. 14.
4) Paul Egede, Nachrichten von Grönland. pag. 151 Anm. und die am Schlusse des Werkes angeführten Berichtigungen.

den Zeilen ist es bei Paul Egede zu lesen, dass der Walfisch, um in der Zeit von drei Tagen aus dem Meere östlich von Grönland nach der Davis-Strasse zu gelangen, nicht den weiteren Weg um die Südspitze Grönlands herum, sondern einen weit kürzeren, der sich nach seiner Ansicht in dem vermeintlichen, Grönland durchquerenden Sunde darbot, benutzt haben muss. Die Eisdecke, die sich zu seiner Zeit bereits über diesem Sunde ausbreitete, konnte für den Walfisch nach Egede's Ansicht kein Hinderniss sein, war ihm ja der Charakter dieser Eisdecke völlig unbekannt. Indessen, ohne dass wir es als möglich hinstellen wollen, dass ein Walfisch in der Zeit von drei Tagen den in Frage kommenden Weg um Kap Farvel herum zurücklegen könnte — es fehlt nämlich jede Angabe darüber, an welcher Stelle des Spitzbergischen Meeres der Walfisch zum ersten Male harpunirt und an welchem Punkte der Davis-Strasse er gefangen worden ist; man kann sich also den zurückzulegenden Weg mehr oder weniger lang denken — und ohne dass wir auf den grossen Zufall hinweisen wollen, der darin liegt, dass der Walfisch von den vielen Einbuchtungen, die sich an der grönländischen Ostküste öffnen, gerade in diejenige seinen Weg gefunden hat, die — zugegeben, dass es eine solche gebe — bis nach der Westküste Grönlands hinüber führt, besitzt Egede's Argument doch keine Beweiskraft für die von ihm getheilte Ansicht. Sein Bericht entbehrt jeder Quellenangabe über die Zeit und den genaueren Ort des Vorfalles sowie über die Namen die dabei mitgespielt haben, so dass man unmöglich mit voller Glaubwürdigkeit an denselben herantreten kann. In gewissen Jahreszeiten wäre es z. B. als unmöglich anzusehen, dass ein Walfisch aus den Gewässern bei Spitzbergen, wo derselbe möglicher Weise harpunirt worden ist, sich nach der Ostküste Grönlands zurückzöge; eine solche Annahme würde sich nämlich dann verbieten, wenn die Grönland benachbarten Meerestheile noch mit dichtem Schollen- und Packeis bedeckt sind, denn die Wale pflegen sich nur am Rande des Packeises, wo dasselbe weniger dicht liegt, aufzuhalten¹), in Gebieten heisst das, die die zum Athmen nothwendigen eisfreien Stellen darbieten. Wenn sich Egede selbst auf eine glaubwürdige Quelle gestützt hätte, so dürfte diese auch die bei ihm fehlenden Angaben enthalten haben; und es ist bei der sonstigen grossen Weitläufigkeit und Breite seiner Erzählung nicht zu denken, warum er grade in dem vorliegenden Falle seinen Text so sehr gekürzt haben sollte.

Auch den Berichten unseres Landsmannes Karl Giesecke kann man bei kritischer Betrachtung keinen Glauben schenken. Während seiner mineralogischen Reise schreibt derselbe in seinem Tagebuche, ähnlich wie vor ihm schon Paul Egede, dass nach der Tradition der Eskimos der Eisfjord im Distrikt Jakobshavn eine früher nach Ostgrönland führender Sund gewesen sei.²) Nach Giesecke ist das Verschwinden dieses Sundes durch die beständige Ausbreitung des das Innere Grönlands erfüllenden Eises zu erklären; dass jedoch durch Traditionen der Eskimos eine solche Erscheinung nicht als erwiesen zu betrachten ist, versteht sich von selbst. Der Meinung Giesecke's nach liess sich das Vorhandensein einer solchen eisbedeckten Meerenge, die bis nach der Ostküste Grönlands hinüberführen musste, auch aus seinen eigenen Beobachtungen erschliessen; er führt dazu Folgendes an:

„Durch den obengenannten Isfjord geht noch ein starker Stromfall, der wahrscheinlich von Zeit zu Zeit das über dem Wasser gewölbte Eis ausspült, welches sodann bersten und aus Mangel an hinlänglicher Unterstützung niederstürzen muss. Zuweilen treiben auch Holzstücke, welche sich nie unter dem gewöhnlichen Treibholze der Davisstrasse finden, auch nicht auf dieser Seite des Landes wachsen, zum Exempel: Buchen- und Eichenholz, auch abgerollte Bimsteinstücke, wahrscheinlich von Island, deren einige ich selbst am Strande aufgelesen habe, durch den Fjord heraus.

---

1) Manual und Instructions for the Arctic Expedition. 1875. London 1875; Manual pag. 80—81.
2) Gieseckes Mineralogiske Rejse i Grønland ved F. Johnstrup. Kjøbenhavn 1878. pag. 82.

Auch auf Grönlands Südostseite habe ich dergleichen Stücke im Treibeise eingefroren gefunden."[1]).

Nach unserer Meinung ist unter dem „über dem Wasser gewölbten Eis" das sich in das Wasser vorschiebende Ende des den Hintergrund des Fjordes bildenden Gletschers zu denken; Giesecke nennt diese Eismasse mit Recht desshalb über dem Wasser gewölbt, weil sie nur eine obere steife Decke über dem Wasser des Fjordes bildet. Das „bersten" dieses Eises kann dann nichts anderes sein als das Abtrennen dieser Gletscherzunge von der Hauptmasse des Gletschers, d. h. das Kalben des Gletschers. Verzeihlich ist es, wenn Giesecke den „starken Stromfall" als die Ursache des Berstens der Eismasse anspricht: es ist die erst als eine Folge des Kalbens eintretende grosse Aufregung der Wasseroberfläche. Nachdem wir so die Worte Giesecke's gleichsam in unsere heutige Sprache übersetzt haben, können wir auch die Ansicht, die Giesecke mit seinen Worten verband, zurückweisen; der „Stromfall" pflanzt sich nicht etwa unter der Eisdecke des Fjordes fort, er breitet sich nicht etwa unter einer über dem einst freien Sunde entstandenen Eisdecke von der Ostküste bis hin zur Westküste aus, ist also auch durchaus nicht als ein Beweis dafür aufzufassen, dass jemals an dieser Stelle eine fahrbare, offene Strasse existirt habe. Giesecke giebt selbst zu, dass über dem Eisfjord von Jakobshavn, seinem vermeintlichen Sunde, eine Eisdecke sich ausbreitet; wir konnten hinzufügen, dass er das Ende des grossen in den Fjord mündenden Binnengletschers als solche gedeutet hat: wenn aber die Verlängerung des Fjordes von eiszeitlichen Gletschermassen eingenommen wird, so ist es klar, dass auf diesem Wege keine Treibholz- und Bimssteinstücke aus dem ostgrönländischen Meere nach Westgrönland gelangen können.[2]) Giesecke mag immerhin Treibholz- und Bimssteinstücke

---

1) Giesecke's Mineralogiske Rejse. pag. 82.
2) Die Treibhölzer sind zweifelsohne asiatischen Ursprunges und auf ihrem Wege zunächst in das ostgrönländische Meer getrieben worden; die Bimssteinstücke sind höchst wahrscheinlich in Island ausgeworfen, vielleicht aber auch in einer noch unbekannten innerarktischen Vulkaninsel.

zwischen den an der Mündung des Fjordes liegenden Inseln eingesammelt haben — mit dem Treibholz geschieht dies ja heut auch noch, — aber direkt von Osten waren dieselben keineswegs herbeigeschwommen, vielmehr von N. oder S. durch Strömungen herbeigeführt worden.[1])

Indessen knüpft sich nicht blos an den Eisfjord von Jakobshavn der Glaube, dass er die Mündung einer ehemals freien, sich durch ganz Grönland hindurchziehenden Meerenge sei; Gleiches berichtet Karl Giesecke auch von dem Bärsund[2]) im Distrikt Godthaab, was David Cranz nach der Angabe der ihm vorliegenden alten Karten bestätigt[3]).

Ueber eine weitere derartige Strasse endlich theilte Giesecke im Jahre 1823 dem jüngeren Scoresby Folgendes mit[4]):

„Es ist aber eine andere Bucht, die ich wegen der ungeheueren Eismassen, die aus ihr herausgingen, nicht bis zum Hintergrunde untersuchen konnte, und welche von den Eingeborenen Ikek oder Ikaresak (Sund) genannt wird. Sie läuft zwischen Karsarsuk und Kingitok, und ihre Länge von Karsarsuk bis ans Ende beträgt etwa 15 deutsche Meilen; sie liegt in 72° 48' und das Meer ist an ihrem Eingange mit zahlreichen Inseln bedeckt. Alle Eingeborenen in der Nachbarschaft derselben versicherten mir einmüthig, dass dort ehedem ein Durchweg nach der anderen Seite des Landes stattgefunden habe. Sie setzten noch hinzu, dass sie sehr besorgt wären, das Eis möchte bei heftigen Nordost-Winden wieder losgehen und dann das Volk von der anderen Seite, das sie als grausam und wild beschrieben, herüberkommen und sie todtschlagen. Sie behaupteten, dass von Zeit zu Zeit todte Walfische, die auf der

---

1) Der Bimsstein kann auch auf das Binneneis geschleudert worden sein und wäre dann mit den Eisbergen des Jakobshavner oder irgend welchen anderen Gletschers in das Meer gelangt.
2) Gieseckes Mineralogiske Rejse. pag. 154.
3) „Historie von Grönland." pag. 11.
4) William Scoresby's des Jüngeren Tagebuch einer Reise auf dem Walfischfang...; aus dem Engl. übersetzt von Fr. Kries. Hamburg 1825. pag. 324—325. — Journal of a Voyage to the Northern Whale-Fishery...; by William Scoresby Junior. Edinburgh 1823. Appendix VIII.

anderen Seite getödtet worden wären, Holz und Bruchstücke von Geräthen aus der Bucht hervorgetrieben würden."

Hier ist es ganz offenkundig, dass die Angaben der Eskimos reine Erfindungen sind; Giesecke mochte ihnen trauen und sie als Beweis dafür auffassen, dass die Bucht Ikaresak einst als Sund dem Blicke des Menschen sich dargeboten habe, eine solche Anschauung vertrug sich zudem auch mit seinen Vorstellungen über die Eisdecke des Binnenlandes. Nach unseren heutigen Erfahrungen über eiszeitliche Erscheinungen und über die Natur Grönlands muss man jedoch erklären, dass ein solcher Standpunkt sich überlebt hat.

Woher sich die Ansicht schreibt, dass der Eisfjord von Jakobshavn und die Frobisher-Strasse etwa in der Breite von 62° als eine Meerenge von der West- nach der Ostküste Grönlands hinüber gereicht haben soll, wurde oben bereits angegeben; aus welchen Ursachen nun diese Ansicht auch auf die Bucht Ikaresak und den Bärsund ausgedehnt wurde, lässt sich nur vermuthungsweise — allerdings mit viel Wahrscheinlichkeit — aussprechen.

Engländer, Franzosen und Holländer waren es, die dem Walfischfang in den Gewässern der Davis-Strasse und Baffins-Bai mit grossem Eifer im 17. und 18. Jahrhundert nachgingen. Die Holländer liessen sich sogar in Tauschhandel mit den Eskimos in Grönland ein und besuchten dabei die Küste bis herab zur Südspitze;[1] an vielen Punkten der Küste erschienen sie folglich noch viel früher als die ersten dänischen Ansiedler. Der Umstand, dass die Küstenfront bei der Annäherung an dieselbe den Eindruck macht, als ob sie aus einem Conglomerat von Inseln bestehe; die vielen Buchten und Einfahrten, die sich dem Seefahrer darbieten, sowie endlich die Thatsache, dass so mancher dieser Sunde um eine oder mehrere Küsteninseln herumführt, wenn man auch nur eine kurze Strecke auf ihnen vordringt, musste bei den Holländern entschieden die Vermuthung auftauchen lassen, dass das mit dem Namen Grönland bezeichnete Gebiet nur ein Archipel von Inseln

---

1) A. v. Etzel, Grönland. pag. 67.

sei. Wird doch sogar noch von E. K. Kane die Häufung von Inseln und Küsteneinschnitten als eine Stütze für die von Karl Giesecke ausgesprochene Meinung aufgefasst.[1]) Fügen wir dem noch hinzu, dass die Holländer, denen ja nur der Tauschhandel mit den am äusseren Küstensaum angesiedelten Eingeborenen, nicht aber die weitere geographische Erforschung des Landes am Herzen lag, keinen der langen Fjorde bis zu seinem hinteren Ende verfolgten; dass sie auch keine richtigen Aufschlüsse darüber hatten, wie es kommt, dass aus einzelnen der Fjorde — den Eisfjorden — alljährlich so viele und grosse Eisberge hervorschwimmen, während dies bei anderen dicht dabei liegenden Fjorden nicht der Fall ist[2]); dass sie dieses Phänomen dadurch erklärten, dass sie die Eisberge aus dem durch seinen Reichthum an schwimmenden Eise bekannten ostgrönländischen Meere in Sunden oder Meerengen nach Westgrönland hinüber treibend dachten; dass endlich bereits damals durch die ältesten Karten die Behauptung in Umlauf gebracht worden war, dass im S. Grönlands die „Frobisher-Strasse", weiter im N. der Fjord öllum-lengri eine fahrbare Verbindung zwischen den ost- und westgrönländischen Meeren bilde, so kann es uns nach dem Gesagten nicht in Verwunderung setzen, wenn die Holländer annahmen, dass noch weitere Meerengen solcher Art existirten. Ist diese Ueberlegung richtig, so lässt sich voraussetzen, dass die Holländer in ihre grönländischen Karten solche Sunde an dieser oder jener Stelle einzeichneten („Bärsund", Ikaresak) und dadurch die dänischen Ansiedler und Reisenden veranlassten, von den eingeborenen Eskimos Bestätigungen hierfür einzusammeln.

Als die Berichte der beiden Egede, von David Cranz und Karl Giesecke erschienen, konnte man den Werth ihrer Aussagen über das ehemalige Vorhandensein von Sunden natürlich noch nicht beurtheilen. Man nahm sie deshalb für baare Münze hin und liess sich durch sie und die ihnen vorausgegangenen Karten in der Ansicht bestärken, dass vordem offene und fahrbare, im grossen Ganzen ostwestlich

---
1) E. K. Kane: „The U. S. Grinnell Expedition..." pag. 53, 54.
2) Vergl. H. Rink: Om Grönlands Indland. pag. 14.

gerichtete Strassen aus den Meeren im O. nach denen im W. Grönlands geführt hätten, dass aber bis zum 17. und 18. Jahrhundert sich eine Eisdecke [1]) über dieselben ausgebreitet habe — über das Wesen dieser Eisdecke [2]) fehlte

---

1) Cranz, Historie von Grönland. pag. 25: „… Die ehemalige Frobischer-Strasse, die nunmehr ganz mit Eis verstopft ist" ähnlich auf pag. 27. — „Herrn Johann Anderson… Nachrichten von Island, Grönland und der Strasse Davis". pag. 159: Vergebens hat man bisher versucht, auf den Meeresstrassen mit dem Boote nach der Ostküste zu gelangen. „Indessen hat sich bey dieser Gelegenheit… gezeiget, dass die so genannte Forbisserstrasse entweder ein irriges Vorgeben, oder nun mehro mit Eis und Schnee dergestalt ausgefüllet und verdecket, dass sie nicht mehr zu kennen, vielweniger zu passiren ist." Auf der Karte, die Anderson seinem Werke beigab, ist auf der Ostküste unter 62⁰ Br. eingeschrieben: Hic ponendum esset notum Geographis Fretum Forbischeri quod hodie saltem glacie tectum est. Siehe auch die in Anm. 2 dieser Seite über die Entwicklung unserer Kenntnisse vom Binneneis gemachten Angaben.

2) Der „Königsspiegel" (siehe pag. 8 Anm. 2) dürfte den ersten urkundlichen Nachweis des Binneneises enthalten, möglich ist es indessen auch, dass ihm irgend welche der frühesten isländischen Sagas hierin den Rang streitig macht. Der betr. Passus des „Königsspiegels" lautet nach Rink, Danish Greenland, pag. 40: „Nur ein kleiner Theil des Landes ist frei von Eis, das ganze übrige Land ist von demselben bedeckt. Die Bewohner wissen auch nicht, ob ihr Land gross ist oder nicht, weil eben alle Berge und alle Thäler unter dem Eis verborgen sind und kein Weg durch das Land hindurch vorhanden ist." Im „Königsspiegel" werden sogar auch schon schwimmende Eisberge erwähnt: „Die zweite deutsche Nordpolfahrt", Bd. 1, pag. 243: „Dagegen giebt es in diesem Meere auch wieder Eismassen, welche von anderer Beschaffenheit sind und welche die Grönländer „falljöklar" nennen. Ihre Gestalt ist ganz so, wie wenn ein hoher Berg aus der See hervorragte…" Man kann aber weder aus dieser kurzen Erwähnung der Eisberge noch aus dem über die Eisbedeckung des Landes selbst Gesagten von der wirklichen Beschaffenheit dieser Eisdecke auch nur annähernd eine Vorstellung sich bilden. Dasselbe gilt überhaupt von sämmtlichen Berichten, die vor unserer Zeit erschienen. Anderson schreibt z. B. in seinen „Nachrichten von Island, Grönland und der Strasse Davis" pag. 158: „Allein, da findet sich auf der Westküste die ganze Länge her eine Kette von Felsen, die mit nimmer schmelzendem Schnee und Eis bedeckt, auch die dazwischen gelegene Thäler eben damit dermassen angefüllet sind, dass wegen der Sturzfälle, der grossen Klüfte und Schrunden und des brüchigen falschen Eises ganz unmöglich ist, darüber hinzukommen." Den Eindruck, dass die das Binnenland und das Innere der Eisfjorde bedeckenden Eismassen nur der sich auf dem Polarmeer bildenden win-

natürlich, wie überhaupt auf dem Gebiete der Glacialgeologie, jedes Urtheil.

---

terlichen Eisdecke gleich zu achten seien, verbreitete der Kaufmann Lars Dalager in seinen „Grönlandske Relationer", die zum ersten Male in Kopenhagen im Jahre 1752 erschienen; Dalagers Anschauungen sind nach mündlichen Mittheilungen bei Cranz, Historie von Grönland, pag. 27—30) wiedergegeben.

Man könnte erwarten, dass Karl Giesecke, der 1806—1813 in Dänisch Grönland gereist war, nach eigenen Beobachtungen und Erkundigungen eine der Natur der Sache entsprechende, richtige Charakteristik oder doch wenigstens der Wahrheit sich nähernde Angaben giebt; andererseits müssen wir ihm gegenüber auch Nachsicht üben, wenn er noch nicht zu der richtigen Erkenntniss der Dinge kam, waren es doch erst die Beobachtungen in vergletschert gewesenen Gebieten, vor allen Dingen in den Alpen, der Schweiz und in Skandinavien, die zur Vorstellung von 100 und 1000 m mächtigen Gletschermassen führten. Im Grunde genommen war es von Giesecke auch schon desshalb nicht zu verlangen, dass er von einem von S. nach N. und O. nach W. unterbrechungslos zusammenhängenden Eisocean von über 100 oder 200 m Mächtigkeit spricht, weil zu seiner Zeit noch Niemand in das eigentliche Innere vorgedrungen war; dass jedoch seine Anschauungen noch so sehr den wirklichen Verhältnissen zuwider laufen, ist immerhin bemerkenswerth und lässt sich nur dadurch erklären, dass er von Anfang an von der Idee geleitet wurde, nach der Ostküste hinüberreichende Sunde mussten einst vorhanden sein. Die Eisdecke des Binnenlandes nennt er continental ice [The Edinb. Encyclop.; vol. X. p. 497] oder continental glacier [eben da, pag. 490, 488—89], doch hielt er es, wie wir sahen, für möglich, dass dieselbe sich gebildet haben könnte während der Zeit, in der die Eskimos hier weilten, und dass Gegenstände unter dieser Eisdecke von der Ost- nach der Westküste herüber schwimmen könnten. Er verband also damit durchaus nicht den Sinn, den wir heutzutage mit dem Worte Binneneis verknüpfen, sondern dachte nur an eine wenig mächtige Lage von Gletschereis.

Die erste richtige Darstellung der Vergletscherung Grönlands verdanken wir dem Königl. dän. Justizrath Dr. Heinrich Rink in Kopenhagen, der sich durch zahlreiche Schriften über die Landeskunde nicht minder unsterbliche Verdienste erworben hat als durch seine erfolgreichen Bemühungen um die Förderung des materiellen Wohles der Bewohner von Grönland. Die betr. Schrift von Rink erschien 1852 unter dem Titel: „Om de geografiske Beskaffenhed af de danske Handelsdistrikter i Nordgrönland". — Neben Dr. Rink ist es dann Freiherr A. E. von Nordenskiöld, der durch seine Binneis-Reisen für die Erforschung Grönlands bisher einzig Dastehendes geleistet hat.

Dass die beiden Egede noch den Fjord öllum-lengri als mit Eis überdeckte Strasse in ihre Karten einzeichneten, wurde bereits erwähnt; wir sehen ferner, wie David Cranz auf der seine „Historie von Grönland" (2. Auflage 1770) begleitenden Karte die Lage der Frobisher-Strasse, des Bärsundes und des Fjordes öllum-lengri nach holländischen Vorlagen[1]) andeutet; überhaupt erschien die Frobisher-Strasse nicht nur bis zum Schluss des vorigen Jahrhunderts auf den Karten über Grönland[2]), auch auf der Karte, die dem zu Leipzig im Jahre 1823 erschienenen Buche „George William Manby's Reise nach Grönland im Jahre 1821. Aus dem Englischen übersetzt von D. C. F. Michaelis" beigegeben ist, wird noch Bezug auf den Bärsund und die Frobisher-Strasse genommen; indem der Verfasser des genannten Buches an entsprechender Stelle zwei punktirte Linien durch das Land hindurchführte, wollte er zweifelsohne der Ansicht Ausdruck verleihen, dass früher hier zwei kanalartige Strassen vorhanden gewesen seien. Wir hatten sogar Gelegenheit, darauf hinzuweisen (siehe pag. 9), dass selbst noch in unseren Tagen in Folge der angeblichen Traditionen der Eskimos und weil sich in die älteren Karten thatsächlich einige Sunde eingezeichnet finden der Ansicht gehuldigt wird, Grönland wäre früher eine Gruppe kleinerer, durch fahrbare Meerengen von einander getrennter Landmassen gewesen, die durch eine im Laufe späterer Jahrhunderte entstandene Eisdecke überbrückt und zu einem Ganzen verbunden worden sind.

Für uns kann aber kein Zweifel daran bestehen, dass die durch die ältesten Karten angedeuteten fahrbaren Strassen auf diesen Karten erschienen bevor und ohne dass irgend welche Beobachtung an Ort und Stelle, die dazu hätte Anlass geben können, gemacht worden war; sowie dass ferner diejenigen älteren Berichte, welche Beweise für das frühere Vorhandensein solcher Sunde bringen und die Aussagen dieser ältesten Karten rechtfertigen wollten, keine

---

1) Cranz, Historie von Grönland. pag. 27.
2) The Edinburgh Encyclopaedia; vol. X. pag. 481. — Geografisk Tidskrift. II. 1878. pag. 54 Anm. — Det skandinaviske Litteraturselskabs skrifter; X. Jahrgang. 1814. pag. 353.

Beweiskraft besitzen, dass sie vielmehr die in ihnen ausgesprochene Behauptung vollständig ausschliessen, da sie bereits des Binneneises unserer Zeit Erwähnung thun.

Weit grössere Bedeutung als die im Vorhergehenden angeführten älteren Berichte hat für eine Landeskunde von Grönland natürlich die Behauptung, dass noch gegenwärtig ostwestlich gerichtete Meeressunde das Land in eine Reihe von Inseln bezw. kleineren Landmassen zertheilen. Da es ferner kein geringerer als der jüngere William Scoresby ist, der diese Behauptung aufstellt, ein Mann also, der durch vieljährige Erfahrungen, durch Studien und Schriften sich bei seiner Zeit in den Ruhm einer Autorität auf dem Gebiete arktischer Länderkunde gebracht hatte, da er ferner zur Stütze seiner Behauptung eigene Erfahrungen anführt und andererseits nur die Traditionen der Eskimos, nicht aber die Aussagen älterer Karten berücksichtigt, ist es erforderlich, hier näher auf seine Ausführungen einzugehen.

William Scoresby fuhr im Jahre 1822 zum zehnten Male auf den Walfischfang nach dem Spitzbergischen Meere und führte in diesem Jahre, angeregt durch den in damaliger Zeit mit grossem Eifer geführten Streit, ob die Eystribygd der alten Normannen auf der Ostküste gelegen habe oder nicht, sowie durch das Dunkel, das sich noch um diese Küste hüllte[1]) die ersten Untersuchungen und genaueren Aufnahmen auf der Küstenstrecke zwischen 69° 13' und 75° aus. Die Aufnahmen wurden in der Zeit vom 10. Juni bis 24. August theils vom Schiffe aus, theils bei dem viermaligen Landen selbst ausgeführt, wobei sein Vater, dessen Schiff „The Fame" er in der Mündung des nach demselben benannten Scoresby-Sundes antraf, sowie der sich ebenfalls in dem Landwasser jener Breiten aufhaltende Kapitain Lloyd vom „Trafalgar" einen Theil der Arbeiten übernahmen. Von den Forschungsresultaten

---

[1]) Bevor Scoresby seine Entdeckungen machte, waren von der Ostküste nur einzelne Vorgebirge oder sonstige Küstenpunkte von Walfischfahrern aus der Ferne erblickt worden; siehe: J. D. Whitney: The Climatic Changes of Later Geologicae Times; Cambridge 1882. pag. 303 Anm. — Paul Egede, Nachrichten von Grönland; pag. 322—323. — „William Scoresbys des Jüngeren Tagebuch." pag. 119.

der drei Kapitaine interessiren uns an dieser Stelle natürlich nur diejenigen, auf denen der jüngere Scoresby seine Ansicht über das Vorhandensein von Grönland durchschneidenden Meeresarmen aufbaute. Vierfach verschiedene Ursachen erzeugten in Scoresby eine solche Meinung: 1. der auf pag. 14 angeführte Brief Karl Giesecke's, wonach die Eskimos unter $72^3/_4^0$ n. B. zu jener Zeit sichere Anzeichen einer solchen bis zur Ostküste reichenden Wasserverbindung beobachtet haben wollen; 2. die Länge der von ihm und seinem Vater nur in den Mündungsgegenden befahrenen Sunde, des Scoresby- und des Davy-Sundes, zusammen mit den übertriebenen Schätzungen Karl Giesecke's über die Länge des in ähnlicher Breite auf der Westküste einschneidenden Fjordes; 3. die im Davy-Sunde von Scoresby beobachtete ostwestlich, also nach dem Innern Grönlands gerichtete Oberflächenströmung; und 4. der Umstand, das sich gleich das Küstengebiet, soweit Scoresby vorzudringen vermochte, durch die zahlreichen in ostwestlicher Richtung eindringenden und im Innern sich wieder mehrfach verzweigenden Fjorde in einen Haufen von Inseln aufzulösen schien.

Als Scoresby seinen Reisebericht verfasste, waren, wie oben angegeben wurde, noch ganz widersinnige Ansichten über die Natur des Binneneises ausgebreitet und desshalb ist es auch erklärlich, wie derselbe eine so eigenartige Vorstellung über die Topographie Grönlands unter dem Einfluss seiner eigenen Beobachtungen in sich aufkommen lassen konnte; wenn wir aber heut in's Auge fassen, was uns von den Glacialgeologen über den Charakter eines Binneneises im Allgemeinen und von den einzelnen Reisenden über das grönländische Binneneis im Besonderen[1]) gelehrt wird, so

---

1) In dänisch Grönland, innerhalb dessen der von Scoresby angenommene Sund seinen Ausgang haben sollte, hat man die Erfahrung gemacht, dass alle Fjorde nach O. zu entweder durch gletscherfreies bergiges Land oder durch einen Binnengletscher begrenzt und abgeschlossen werden. — Der w. Rand des Binneneises hat keine Unterbrechung, sondern bildet gleichsam eine continuirliche Mauer. — Ansteigen des Binneneises nach O. zu von allen Punkten des Küstenlandes sowie auf den nach dem Inneren ausgeführten Reisen beobachtet. — Es

verbietet es sich schon angesichts dessen, der Scoresby'schen Ansicht zuzuneigen; abgesehen hiervon lässt sich aber auch jedes einzelne von Scoresby's Argumenten als fehlerhaft und haltlos nachweisen.

In Bezug auf das erste derselben, die Traditionen der Eskimos, weisen wir auf das zurück, was oben in dieser Hinsicht angegeben wurde.

Der Scoresby-Sund war von dem älteren Scoresby bis auf 60 engl. Meilen, von der Mündung an gerechnet, befahren worden[1]), ohne dass das Ende der beiden Arme desselben erreicht worden war; wir können ihm desshalb nicht gerade eine Uebertreibung vorwerfen, wenn er schätzungsweise annahm, dass dieselben 90 engl. Meilen in das Innere eindringen würden[2]), ist doch von der zweiten deutschen Expedition der berühmte Kaiser Franz Josefs-Fjord in dem einen seiner Arme ebenso weit verfolgt worden. Irre geführt wurde Scoresby aber durch eine, wie es scheint briefliche, Mittheilung Karl Giesecke's, dass die „Jakobsbucht", Jakobshavns Isfjord der heutigen Karten, sich nach O. zu unbegrenzt ausdehne[3]). Wie Scoresby angiebt, hätte Giesecke diese Bucht auf eine Erstreckung von ungefähr 150 engl. Meilen befahren „und hier [d. h. weiter ostwärts] dehnt sie sich in ein anscheinend unbegrenztes Meer aus... Die innere Beschaffenheit der Bucht ist von der Art, dass es die grösste Wahrscheinlichkeit hat, dass sie quer durch das ganze Land geht und sich mit Scoresby's Sund, und vielleicht auch mit einigen anderen nördlicheren Einbuchten vereinigt"[4]). Diese Angaben weichen ganz von den Thatsachen ab: den Hintergrund des Eisfjordes [69° 10′ n. Br.], an dessen Mündung Jakobshavn liegt, nimmt nämlich in seiner ganzen Breite ein Binnengletscher erster Grösse ein, und zwar ist das Ende dieses Gletschers noch nicht einmal 10 engl. Meilen von Jakobshavn entfernt; wahrscheinlich

---

lässt sich mit Gewissheit annehmen, dass das Binneneis von N. nach S. und O. nach W. unterbrechungslos zusammenhängt.

1) „William Scoresby's Tagebuch einer Reise..."; pag. 225.
2) „William Scoresby's des Jüngeren Tagebuch"; pag. 323.
3) ebenda.
4) ebenda.

ist es, dass Giesecke den s. oder n. Seitenzweig von Jakobshavns Isfjord, in die er der auf ihnen schwimmenden Eisberge wegen nicht eindringen konnte und deren Ende er vielleicht auch zu Lande nicht erreicht hat, für das „anscheinend unbegrenzte Meer" gehalten hat, — soviel ersehen wir deutlich, dass Scoresby's Ansicht in der Natur des Eisfjordes von Jakobshavn keine Stütze findet. Ebenso wenig ist aber auch irgend einer der übrigen Fjorde von dänisch Grönland geeignet, dem von ihm ausgesprochenen Satze auch nur die geringste Wahrscheinlichkeit zu verleihen.

Während seines Aufenthaltes in der Nähe des Davy-Sundes bemerkte Scoresby ein ununterbrochenes Einsrömen des Wassers in denselben[1]); diese sowie die weitere Beobachtung, dass aus keinem der in der Nähe befindlichen Sunde ein Auswärtsströmen, also die Rückkehr der Wassermassen der ersten Strömung zu constatiren war, liess ihn einen „inneren Kanal" annehmen, der einen Abzug für jenes Wasser bilden sollte. Zunächst lässt sich einwenden, dass dieser Schluss auf einen Abzugskanal durch das Innere Grönlands voreilig gefasst war, denn Scoresby verweilte viel zu kurze Zeit in der Nähe des Davy-Sundes und lernte auch viel zu wenig weitere Fjordmündungen kennen, um sagen zu können, dass die durch die erwähnte Oberflächenströmung bewegten Wassermassen nicht wieder nach dem Landwasser der Ostküste zurückkehrten; wenn wir ferner in Berücksichtigung ziehen, wie schwierig es selbst für die ein Jahr hier verweilenden Gelehrten der „Germania" war, in diesem mit Eis bedeckten Meere ein sicheres Urtheil über eine regelmässige und constante Strömung zu gewinnen[2]), dann uns auch vergegenwärtigen, dass Scoresby fast von Tag zu Tag den Standort seines Schiffes änderte, so sind uns seine Erfahrungen sicherlich kein Beweis dafür, dass wirklich keine nach aussen gerichtete Strömung in einem der dem Davy-Sunde benachbarten Fjorde vorhanden wäre. Sodann aber deutet die

---

1) „Scoresby's des Jüngeren Tagebuch"; pag. 325.
2) „Die zweite deutsche Nordpolfahrt"; 1. Bd. pag. 321.

Wahrnehmung Scoresby's keineswegs darauf hin, dass wirklich, wie er sagt, ein „ununterbrochenes" d. h. nie aufhörendes Einströmen des Wassers in den Davysund stattfinde. Es ist hier nicht am Platze, ausführlich darüber zu handeln, wie wechselnder Natur die Strömungen in den Gewässern der Ost- und Westküste sind; hier genüge die Bemerkung, dass die stets wechselnden Winde, die ebenso veränderlichen Verhältnisse in der Bedeckung mit Pack- und Treibeis sowie die Conturen der Küste die locale Strömungen bedingenden Faktoren sind. Wie leicht ist es nun denkbar, dass bei vorherrschenden NO- oder O-Winden oder auch ohne diese in dem vielleicht gerade eisfreien Landwasser eine Stauung eines Theiles der sich ohnehin mit 5—10 Seemeilen[1]) Geschwindigkeit nach SSW. fortbewegenden Wassermassen der Grönland-Strömung durch die dem Davis-Sund vorgelagerten Inseln und in Folge dessen eine Ablenkung derselben nach W. gerade in jener verhältnissmässig kurzen Zeit zu bemerken war, als Scoresby an dieser Stelle kreuzte. Ferner aber lässt sich auch aus den momentan in einem Fjord oder an dessen Mündung herrschenden Strömungsverhältnissen durchaus kein Schluss auf die Oberflächengestaltung des Landes ziehen, denn diese Strömungen sind als Ausfluss von rein localen Ursachen von viel zu mannigfaltiger und häufig wechselnder Art: beobachtete doch Scoresby selbst in dem Scoresby-Sunde eine die Eisberge nach aussen treibende Unterströmung, zugleich aber eine so starke westlich gerichtete Oberflächenströmung, dass die Schiffe bei dem gerade herrschenden SO-Wind wenig oder gar nicht vorwärts kommen konnten[2]); in dem Kaiser Franz Josefs-Fjord gelang es der 2. deutschen Polar-Expedition trotz sorgfältiger Beobachtung nicht, eine Strömung in irgend welcher Richtung festzustellen[3]); während schliesslich — in Folge Mitwirkung der Gletscherbäche — an der Fjordküste und in der Mitte des Fjordes sogar einander entgegengesetzte Strömungen

---

1) Julius Payer: Die Österreichisch-ungarische Nordpol-Expedition in den Jahren 1872—1874. Wien 1876. pag. 467.
2) „William Scoresby's des Jüngeren Tagebuch"; pag. 244—245.
3) „Die zweite deutsche Nordpolfahrt"; 1. Bd. pag. 665.

herrschen können¹). Jedenfalls geht aus dem Gesagten hervor, dass Scoresby in voreiliger Weise auf Grund einer von ihm während kurzer Zeit beobachteten Strömung, für die jede andere Deutung mehr am Platze ist, weit tragende Schlüsse auf das fast continentgrosse Gebiet von Grönland zog. Ebenso wenig stichhaltig wie dieses erweist sich auch das letzte der von ihm angeführten Argumente.

Schon oben wurde angegeben, dass der ältere Scoresby 60 engl. Meilen von der Mündung an gerechnet auf dem Scoresby-Sunde nach W. vordrang; noch nicht einmal so weit war der jüngere Scoresby und der Kapitain Lloyd auf den anderen Sunden in das Land hinein gekommen; ganz richtig ist immerhin die Bemerkung²), dass man kaum daran zweifeln könne, dass sich die äussere Küstenzone in jenen Breiten der Ostküste durch die vielen Fjorde und Fjordstrassen in eine Reihe von Inseln und Halbinseln auflöse, denn das ist eben der Charakter aller Fjordküsten. Wie darf man aber, wenn es sich um Orographie und Oroplastik handelt, die Erscheinungen, die man auf 60 Seemeilen wahrgenommen hat, auch auf die nächsten 600 übertragen, wenn ein solcher Schluss durch nichts weiter als durch eine allerdings im Bereich der Möglichkeit liegende Analogie der Verhältnisse nahe gelegt wird?

Mit derselben Entschiedenheit, mit der wir die Be-Behauptung zurückweisen mussten, dass in den ersten Zeiten der Besiedelung Grönlands fahrbare, offene Kanalverbindungen zwischen der Davis-Strasse und Baffins-Bai einerseits und dem ostgrönländischen Meere andererseits bestanden hätten, ist also auch, wie sich von vornherein schon sagen liess, der Idee entgegenzutreten, dass eine solche Annahme für unsere Zeit durch irgend welche Beobachtung über die physikalischen Verhältnisse Grönlands in den Bereich der Möglichkeit gerückt oder gar zur Gewissheit erhoben würde. —

Erst in den letzten Jahrzehnten sind unsere Kenntnisse auf dem Gebiete der Glacialgeologie in hervorragender

---

1) „Anmärkninger over de tre förste Böger af. Hr. David Crantzes Historie om Grönland." Kjöbenhavn 1771. 8⁰ pag. 58.
2) William Scoresby's des Jüngeren Tagebuch; pag. 322.

Weise erweitert und vertieft worden, erst neuerdings ist das ganze Gebäude dieses Zweiges der Geologie in Folge mannigfaltiger Beobachtungen durch eine Reihe allgemein anerkannter Lehren gestützt worden. Auf der anderen Seite sind auch unsere geographischen Kenntnisse von Grönland, wie sich ohne Uebertreibung aussprechen lässt, in den letzten dreissig Jahren mehr gefördert worden als in allen voraufgegangenen Jahrhunderten. U. a. ist man durch die vieljährigen Forschungen von Dr. Heinrich Rink, durch die Binneneis-Reisen von Nordenskiöld (1870 und 1883) und von Jensen (1878) sowie durch die Berichte von Amund Helland (1875) und einer Reihe dänischer Gelehrten (seit 1876) zu der Erkenntniss gelangt, dass Grönland — was in diesem Umfange von keinem anderen Länderraum der Polarzone gilt — theils die Wirkungen und Spuren einer vergangenen, theils das Abbild einer noch vorhandenen Eiszeit darbietet. In Folge dieser Erweiterung und Bereicherung unseres Wissens auf dem Gebiete der Glacialgeologie im Allgemeinen und der Geographie Grönlands im Besonderen nimmt in den neueren Reiseberichten die von uns in Bezug auf die Topographie Grönlands ventilirte Frage auch eine andere Form an.

Julius v. Payer spricht sich in dem Bericht über die von der zweiten Deutschen Nordpol-Expedition in Ostgrönland 1869—70 angestellten Forschungen dahin aus[1]), dass Grönland nur ein unter einer gemeinsamen Eisdecke begrabener Inselcomplex sei; die peripherischen Partien von diesem Archipel sind eisfrei, alles übrige aber unter dem mächtigen Binneneis verborgen, so dass man nur scheinbar den Eindruck bekommt, dass man ein geschlossenes Landgebiet vor sich habe. Payer kannte die Intensität der Vergletscherung Ostgrönlands aus eigener Anschauung und über die von Westgrönland war man damals schon durch die trefflichen Arbeiten von Rink informirt; und wenn er die Ansicht aufstellte, dass die centralen Partien von Grönland kein zusammenhängendes Landgebiet, sondern ein Archipel von Inseln seien, so that er dies unabhängig von

---

1) Petermanns Mittheilungen. 1871. pag. 121, 195.

den bekannten Traditionen der Eskimos und den älteren Karten, sondern stützte sich lediglich auf eigene Beobachtungen über die Oroplastik der ö. Küstenzone zwischen 73 und 77° n. Br. Aus diesen Ursachen erscheint seine Behauptung in ganz anderem Lichte als die von Giesecke und Kranz, die ja auch annehmen, dass Grönland nur eine Gruppe von eisbedeckten Inseln sei; ihnen fehlten aber alle Anschauungen über den Charakter der Vergletscherung Grönlands und irgend welche Beobachtung, die ihrer Meinung hätte eine Stütze verleihen können, hatten sie nicht gemacht. In gleichem Sinne wie Julius von Payer spricht sich auch Dr. Robert Brown aus[1]), der im Jahre 1867 einen Theil von Dänisch Grönland bereist und auch eine kurze Strecke nach O. zu auf dem eigentlichen Binneneise vorgedrungen war.

An sich ist es ja möglich, dass Gletscher von eiszeitlicher Mächtigkeit und Ausdehnung zwischen Inseln liegende Meeresbecken, Sunde oder Kanäle ausfüllen und über solchen neben einander befindlichen Erhöhungen und Vertiefungen der Erdkruste ein gleiches Niveau einnehmen können. Das skandinavische Binneneis füllte die Ostsee und ihre Anhängsel, den Bottnischen, Finnischen und Rigischen Busen aus und drang, unter allmählicher Abdachung seiner Oberfläche, bis in's Herz Russlands vor[2]); im S. wurden die Meeresstrassen zwischen und um den dänischen Inseln von den Gletschermassen, die erst an den n. Abhängen der mitteldeutschen Gebirge ihr Ende erreichten, überdeckt und ausgefüllt; das Nordseebecken wurde von den von Skandinavien westwärts und von Grossbritannien ostwärts vordringenden Riesengletschern gemeinschaftlich überschwemmt; und was die w. Erstreckung des skandinavischen, schottischen und irischen Binneneises betrifft, so dürfte dieselbe noch über das Gebiet hinaus gereicht haben, das heut zwischen der Küste und der Hundert Faden-Linie liegt. Die Shetland-Inseln wurden z. B. noch durch von Skandinavien her sich bewegende Gletscher-

---

1) Petermanns Mittheilungen. 1871. pag. 388, 389.
2) siehe James Geikie, Prehistoric Europe. 1881. Karte D.

massen überdeckt, wie es durch die Richtung der daselbst gefundenen Gletscherschliffe dargethan wird[1]). Die horizontale und verticale Gliederung des eben umschriebenen Gebietes war nun allerdings während der Eiszeit nicht genau dieselbe wie heutzutage, denn in postglacialer Zeit haben mancherlei Niveauverschiebungen stattgefunden; Terrainunterschiede beträchtlicher Art sowie ein Ineinandergreifen der Hydrosphäre und Lithosphäre ähnlich dem heutigen waren aber im nw. Europa entschieden vor dem Eintritt der Eiszeit ausgeprägt: Der Eisocean breitete sich trotz dieser Niveauunterschiede seines Liegenden über das ganze Gebiet aus; seine Oberfläche gab, wie es beim grönländischen Binneneise beobachtet worden ist, die Unebenheiten der Unterlage jedenfalls nur in geringerem Grade wieder und war vor allen Dingen durch ein Ansteigen von den randlichen Partien nach dem Centrum der Vergletscherung zu ausgezeichnet.

Nehmen wir an, dass Grönland ein Archipel von Inseln ist, die durch eine Binneneisdecke überdeckt und dadurch zu einem Ganzen zusammen gefasst werden, so lässt sich zu diesem so gedachten Grönland unserer Tage aus der Eiszeit der n. Hemisphäre sogar auch eine analoge Erscheinung anführen; wir meinen die Faeröer in jener Periode, als die eiszeitlichen Gletscher zu schwinden begannen. Wie nämlich Amund Helland[2]) und James Geikie[3]) nachgewiesen haben, trugen die Faeröer in der Eiszeit im Gegensatz zu den Orkney- und Shetland-Inseln ein eigenes, d. h. auf ihnen selbst entstandenes Binneneis. Während der Zeit, in der dies im Abnehmen begriffen war, mussten dann die Faeröer, und zwar besonders der nörd. Inselcomplex derselben, da hier die einzelnen Inseln sehr nahe an einander gerückt sind, sicherlich einmal in jenen

---

1) Amund Helland in „Zeitschr. d. D. Geol. Ges." XXXI. 1879. pag. 717.

2) Zeitschrift der Deutsch. Geol. Ges.; XXXI. 1879. pag. 717 und 718 ff. — Amund Helland: Om Faeroernes Geologie. Kjobenhavn 1881 (Sep.-Abd aus der Geografisk Tidskr.); pag. 3.

3) James Geikie: On the Geology of the Faeröe Islands (Trans. Roy. Soc. of Edinb. 1882; pag. 217—269); pag. 218.

Zustand eintreten, dass die kleinsten der äusseren Inseln — überhaupt ein Kranz rings um diese u. Inselgruppe — eisfrei waren, während von den grösseren inneren Inseln, dem Centrum der Vergletscherung, noch primäre Gletscher ausgingen. Diese Gletscher drangen in die Fjorde und jetzigen Sunde ein, an welchen sich in postglacialer Zeit eine positive Niveauverschiebung vollzog und welche, wenn sie das menschliche Auge in jener Periode hätte überschauen können, im kleineren Masstabe denselben Anblick wie die heutigen Eisfjorde Grönlands dargeboten haben würden: von ihrer Mündung hatte sich das Gletscherende zurückgezogen, im Hintergrunde aber kalbte noch ein von mehreren seitlichen Firnmulden gespeister Binnengletscher und an den Fjordwänden hingen die Zungen kleinerer Gletscher mehr oder weniger weit herab.

Nach Sir Wyville Thomson[1]) ist das noch unbekannte Südpolargebiet keineswegs mit Bestimmtheit als „antarktischer Continent" anzusehen, sondern viel wahrscheinlicher ist es, dass hier gebirgiges und Flachland in Inselform an einander heran treten, ganz wie es nach Payer und Brown in Grönland der Fall sein würde.

Prüfen wir nun die Gründe, auf denen diese Letzteren ihre Ansicht aufbauen.

Brown nennt die von ihm ausgesprochene Meinung „ein auf wirklicher Beobachtung beruhendes Faktum"[2]), führt aber, um dies zu erhärten, nur an, dass es in der Tradition der Eskimos noch fortlebe, wie durch den Eisfjord von Jakobshavn und an anderen Stellen der Westküste früher Wasserstrassen nach der Ostküste hinüber geführt hätten[3]); jetzt beständen dieselben nicht mehr, folglich müssten sie durch die eingetretene Ausbreitung des Binneneises zugefüllt und die einst isolirt liegenden kleineren Landmassen dadurch zu einem Ganzen zusammen gefasst worden sein. Die Traditionen der Eskimos sind an sich schon werthlos, weil sie von den ersten Dänen selbst erst in die Gemüther

---

1) The American Journal of Science and Arts. Editors: James, Dana, Silliman. Dritte Serie; Band XVI. 1878. pag. 355—356.
2) Petermanns Mittheilungen 1871. pag. 389.
3) ebenda.

der Eskimos gepflanzt worden sind; aber selbst wenn man davon absieht, müssen wir entschieden die Annahme zurückweisen, dass die Eskimos in Grönland — wo sie doch noch später erschienen als auf dem nordamerikanischen Archipel — schon so lange ansässig sind, dass sie es erleben konnten, wie 600—700 engl. Meilen lange Meerengen mit Gletschereis-Massen von über 100, vielleicht sogar von über 200 m Mächtigkeit ausgefüllt wurden, denn das würde Klimaänderungen voraussetzen, wie sie sich nur in geologischen Zeiträumen vollziehen können. Noch mehr als das; wir können vor allen Dingen dem nicht beistimmen, dass in der Polarzone nach der Eiszeit das Klima sich so weit gemildert hatte, dass wo möglich alles Gletschereis in Grönland verschwunden war, damit die etwa vorhandenen Meerengen sichtbar und frei wurden. Es ist allerdings Thatsache, dass in den arktischen wie in mittleren Breiten in postglacialer Zeit einmal ein milderes Klima geherrscht hat als in der Jetztzeit, aber annehmen zu wollen, dass in jener wärmeren Periode die Gletscher Grönlands in ungeheurem Masse oder gar vollständig gewichen waren, ist angesichts der bisher gemachten Beobachtungen [1]) durchaus unzulässig. Wenn aber die Verschlechterung des grönländischen Klimas noch in den letzten

---

1) Wir sind natürlich nicht im Stande, ein Verzeichniss aller einschlägigen Beobachtungen zu geben. Vergleiche: James Geikie, Prehistoric Europe. London 1881. pag. 422, 437, 497, 500, 503, 515, 516, 520—522, 524, 525—530, 555. — James Geikie, Changes of Climate in Post-Glacial Times. (Sep.-Abdr. aus „Scottish Naturalist", Janr. 1880) pag. 1—9. — James Geikie: The Great Ice Age. 1. Aufl. London 1874. pag. 497, 498, 499 Anm. — A. E. Frhrr. v. Nordenskiöld: Umsegelung Asiens und Europas auf der Vega. 1. Band pag. 345. — Sherard Osborn: The Discovery of the North-West Passage by H. M. S. „Investigator", Capt. R. M'Clure. London 1856. — pag. 208, 209 Anm. — Transactions of the Geol. Soc. of Glasgow; vol. V. 1873—76. pag. 239—242. — A. E. von Nordenskiöld: Udkast till Isfjordens och Belsounds geologi. (Sep.-Abdr.) pag. 372—73. — James Geikie: On the Geology of the Faeröe Islands. pag. 266. — J. D. Whitney: The Climatic Changes of Later Geol. Times. Cambridge 1882. pag. 240, 241. — Albert Heim, Handbuch der Gletscherkunde. 1885, pag. 512 ff.

sechs bis acht Jahrhunderten vor sich gegangen sein sollte [1]), so kann dies nur in so geringem Umfange der Fall gewesen sein, dass man sagen kann, die Ausdehnung des Binneneises hat sich seit der Normannenzeit nicht verändert [2]). Brown's Argument ist also zu nichts weniger angethan, als die Archipel-Natur Grönlands als „Faktum" hinzustellen.

Bedeutungsvoller sind Payers Ausführungen, waren es doch mehrfache eigene Beobachtungen, die ihn zu seinem Urtheil geführt haben. Er bezeichnet zunächst den „gänzlichen Abgang grosser Längstbäler, wie solche Continente voraussetzen und charakterisiren" [3]) als einen höchst auffälligen Zug in demjenigen Theile Ostgrönlands, den er zu durchforschen Gelegenheit hatte. Wenn aber eine gebirgige Küste zwanzig Breitengrade oder noch mehr durchmisst, so ist es doch wohl nicht als auffällig zu bezeichnen, wenn auf einem kleinen Bruchtheil dieses Gebietes, auf vier Breitengraden, die durchaus noch nicht im Detail erforscht,

---

1) Die zweite Deutsche Nordpolfahrt; 1. Bd. pag. 243, 245. — v. Eggers: Die wahre Lage des alten Ostgrönlandes; pag. 89, 91. — The Geographical Magazine. Edited by Cl. R. Markham. IV. 1877. pag. 268. — Sir G. S. Nares: Narrative of a Voyage to the Polar sea during 1875—76. ... London 1878. Bd. 2. pag. 191, 344. — Meddelelser an Grönland. Kjöbenh. VI. Bd. 1883. pag. 72, 73, 75. — Hans Egede: Beschreibung und Naturgeschichte von Grönland pag. 67, 70, 71. — Hans Egede: Des alten Grönlands neue Perlustration. Aus dem Dänischen übersetzt 1730. Frankfurt. 1 Thl. pag. 16. — Isaac J. Hayes: The Land of Desolation. London 1871. pag. 47. — Th. M. Fries: Grönland, dess Natur och Innevånare. Upsala 1872. pag. 44, 53, 64. — Sir John Leslie etc.: Discoveries and Adventures in the Polar Seas and Regions. London 1853. pag. 55. — Die zweite Deutsche Nordpolfahrt 1869—70. Vorträge und Mittheilungen. Herausgegb. von dem Verein f. die Deutsche Nordpolfahrt zu Bremen. Berlin 1871. pag. 57. — Siehe auch K. v. Maurer: Island von seiner ersten Entdeckung bis zum Untergange des Freistaates. München 1874. pag. 12, 13, 14—17, 18, 426.

2) H. Rink: Danisch Greenland. pag. 40. — siehe auch: A. E. v. Nordenskiöld: Udkast till Isfjordens och Belsounds geologi; (Sep.-Abdr.). pag. 247. — Nordenskiöld in „The Geological Magazine". New series; vol. III. 1876. pag. 18, 19.

3) Petermanns Mittheilungen. 1871. pag. 121. — Julius Payer: Die Oesterreichisch-ungarische Nordpol-Expedition in den Jahren 1872—74. pag. 558.

sondern deren Hochgebirgscharakter nur von einigen wenigen seitlichen Gipfeln aus erkannt ist, keine grossen Längsthäler beobachtet worden sind. Nach unserm Dafürhalten ist auch die Möglichkeit nicht ausgeschlossen, dass eine eingehendere geologische Erforschung, als sie die Gelehrten der „Germania" bewerkstelligen konnten, die Existenz von Längsthälern in Ostgrönland — falls es wirklich welche geben sollte — noch nachweisen könnte. Zugegeben aber, dass grosse Längsthäler in Ostgrönland zwischen 73 und 77° n. Br. wirklich nicht vorkommen, so folgt daraus doch nicht, dass ganz Grönland nur eine Gruppe von nahe an einander herantretenden Inseln sei.

Denn erstens wissen wir nicht genau, wie die Wasserscheide zwischen Ost- und Westküste im Inneren des noch wenig bekannten Gebietes verläuft. Eine ausführliche Betrachtung des uns über das Binneneis zu Gebote stehenden Wissens wird uns an anderer Stelle den Schluss ziehen lassen, dass diese Wasserscheide entschieden näher an der Ost- als an der Westküste liegt[1]); denkbar ist es, dass im Verhältniss zur Breite des ganzen Gebietes nur eine schmale Zone nach der Ostküste entwässert, besonders kann dies streckenweise der Fall sein, da ja eine Wasserscheide nicht durchweg gradlinig verläuft. Es kann also schon durch die Lage der Wasserscheide bedingt sein, dass grosse Längsthäler in diesem Gebiete Ostgrönlands fehlen, besonders gilt das von 70—80 deutsche Meilen langen Erosionsspalten, wie sie Payer unter der Annahme postulirt[2]), dass die Wasserscheide in der Mitte zwischen Ost- und Westküste zu suchen sei. In Norwegen z. B. liegt die Wasserscheide im Maximum nur 70 km vom atlantischen Ocean entfernt[3]).

---

1) Vergl. Prof. Laube in „Sitzungsber. der math.-naturwiss. Klasse der Kais. Akad. d. Wiss. zu Wien. Bd. 68, 1. Abthlg. 1874. p. 43. — Rink in Geografisk Tidskrift; I. 1877. pag. 117. — Rink: Om Grönlands Indland. pag. 27, 28. — Für die Entscheidung dieser Frage lassen sich jetzt viel wichtigere Argumente anführen.
2) Petermanns Mittheilungen. 1871. pag. 122. — Julius Payer: Die Österreichisch-ungarische Nordpol-Expedition. pag. 559.
3) Guthe-Wagner, Lehrbuch der Geographie. 2. Theil. p. 349.

Zweitens müssen wir uns die Frage vorlegen: Können nicht die oroplastischen Züge von König Wilhelms-Land, das „wie in einzelne Stücke zerbrochen" erscheint und wo besonders das Fehlen von Längsthälern und Kettengebirgen auffällig ist, gedacht werden, auch wenn Grönland ein zusammenhängender Landcomplex ist?

In der Gebirgszone von Ostgrönland fehlen nach Payer's Untersuchungen Parallelketten zwischen dem 73. und 77. Parallelkreis gänzlich; isolirte, steilwandige Gruppen von durchschnittlich 16—1700, stellenweise über 3800 Meter hohen Hörnern, Spitzen und Zacken oder steil abfallende Kämme mit überragenden thurm- und pyramidenähnlichen Kuppen steigen unmittelbar an der Meeresküste empor und bilden ein Relief von seltener Wildheit[1]). Dieselben spitzen Gipfel und die Zerrissenheit und Zusammenhangslosigkeit der Küstenfront finden wir auch südlich von den von der zweiten deutschen Expedition besuchten Breiten wieder, wie die Berichte von Prof. Laube[2]) und William Scoresby[3]) angeben. Von der Küste auf dem 71. Breitengrade sagt Scoresby: „Hier zeigt sich nichts ebenes, mildes oder unbedeutendes. Die Berge bestehen aus einer Reihe unzähliger Piks, Kegel, Pyramiden mit den schroffesten Felsen, die aus den Seiten hervorragen. Sie erheben sich unmittelbar vom Ufer und steigen in steilen und abschüssigen Wänden hinan."

Eine solche Bodenplastik deutet aber keineswegs darauf hin, dass Grönland nur eine Inselgruppe sei, sondern kann sehr wohl noch an eine zusammenhängende grössere Erdscholle gebunden sein. Bedenken wir nur, dass die Konfiguration eines Landes sich in erster Linie abhängig erweist von dem petrographischen Charakter der anstehenden Gesteine, von dem Alter, der Grösse und Art der stattgehabten Dislokationen, sowie von dem Charakter der in Wirkung ge-

---

1) Petermanns Mittheilungen. 1871. pag. 122, 123, 197, 199. — Julius Payer: Die österr.-ungar. Nordpol-Expedition. pag. 559—60. — Edward Sabine: An Account of Experiments to determine the Figure of the Earth. 4°. London 1825. pag. 417.

2) Sitzungsberichte-Wien, math.-naturwiss. Klasse. Bd. 68. 1. Abthlg. 1874. pag. 24.

3) William Scoresby's des Jüngeren Tagebuch; pag. 210.

tretenen erodirenden und denudirenden Faktoren; die Grösse des Areales wird nur selten und dann auch erst in zweiter Linie bei der Herausbildung und allmählichen Entstehung des Reliefs ursächlich mitwirken, für gewöhnlich dürfte sie von denselben Verhältnissen bedingt sein wie die Oroplastik im Einzelnen.

Versuchen wir nun, Analoga zu der eigenartigen Bergbildung Ostgrönlands aus anderen grösseren Landmassen anzuführen, um so der Idee Payers entgegen zu treten, dass in Folge des Fehlens von Kettengebirgen und langen Querthälern in König Wilhelms-Land Grönland nur ein Archipel von Inseln sein könnte. In Norwegen fehlen auch Parallelketten und Kämme vollständig; die gebirgige Zone der skandinavischen Halbinsel ist eine Aneinanderreihung von breiten, durch tief ausgefurchte Thäler von einander getrennten Plateaus, die steil nach W. und ganz allmählich nach O. abfallen: nirgends treten die einzelnen Kuppen oder Zinnen, die über diese Hochflächen hinweg ragen, zu Bergketten zusammen. Auch in Island lässt man den Blick vergebens nach irgend welcher Kettenbildung umherschweifen, die ganze Insel lässt sich als ein Plateau auffassen, das die Wirkungen einer früheren Glacialzeit und von noch fortdauerndem Vulkanismus zur Schau trägt. Fügen wir dem noch hinzu, dass auch Franz Josefs-Land[1] und die Westküste von Grönland keine, West-Spitzbergen[2] und Nowaja-Semlja[3] nur wenige Andeutungen von Parallelfalten der Erdkruste aufweisen, dass ferner in den zuletzt genannten Ländern auch die Form der Berge die strengste Aehnlichkeit mit der für Ostgrönland charakteristischen darbietet, so erscheint es natürlich, wenn wir weitere Argumente fordern, bevor wir Payer's Ansicht zur unserigen machen.

---

1) Julius Payer: Die Oesterr.-ungar. Nordpol-Expedition; p. 267.
2) A. E. v. Nordenskiöld: Sketch of the Geology of Spitzbergen. Stockholm 1867. pag. 12, 13. — „Die schwed. Expeditionen nach Spitzbergen und Bären-Elland ausgeführt in d. J. 1861, 1864 und 1868 unter Leitung von O. Torell und A. E. Nordenskiöld". — Deutsch, Jena 1869. pag. 297. — „Das Ausland" 1880. pag. 493. — Petermanns Mittheilungen. 1874. pag. 220. 1863 pag. 401—402.
3) Petermanns Mittheilungen. 1874. pag. 293.

Grössere Längsthäler fehlen auch an der Westküste von Grönland, wenigstens in dem dänischen Antheil derselben, wo man doch dadurch, dass man alle Fjorde bis zu ihrem hinteren Ende verfolgt hat, den Eindruck erlangt, dass das Binneneis auf einer ununterbrochen zusammenhängenden Festlandsscholle aufruht. Dieser Hinweis auf Dänisch Grönland deutet uns auch an, dass das Fehlen der Längsthäler in König Wilhelms-Land kein genügender Beweis dafür ist, dass das Binnenland von Grönland nur eine Gruppe von Inseln sei.

Durch die in der arktischen Zone so weit verbreitete und, wie an anderer Stelle weiter auszuführen ist, für sie charakteristische Form der Berggipfel dürfte das Fehlen von Längsthälern in den weniger intensiv vergletscherten Küstenzonen sich erklären lassen; es mag jedoch auch hier vorkommen, und namentlich wird dies im Bereiche des eigentlichen Binneneises der Fall sein, dass etwa vorhandene Längsthäler der enormen Vergletscherung wegen gar nicht in Augenschein genommen werden können[1].

Diese Vergletscherung bringt es auch mit sich, dass die in Grönland vorhandenen Wasserläufe höchstens so lang sind, als der Rand des Binneneises von der Meeresküste abliegt, wie die für Dänisch Grönland vorliegenden Karten, auf denen die Grenze des Binneneises verzeichnet ist, deutlich erkennen lassen. Denn abgesehen von solchen Wasseradern des Yderlandes, des binneneisfreien Küstensaumes, die zur Zeit der Schneeschmelze temporär sich bilden und von solchen, die durch das aus dem Erdboden hervortretende Quellwasser gespeist werden, treten die grönländischen Flüsschen entweder unter Gletscherzungen oder an einer beliebigen anderen Stelle des Binneneises unter demselben hervor. Der Rand des Binneneises oder die Firnmulden des Yderlandes sind aber nur kurze Strecken von der Meeresküste entfernt[2] und es ist folglich etwas

---

[1] Diese Ansicht, dass die Längsthäler durch die Gletschermassen verhüllt würden, wird von H. Rink geltend gemacht.

[2] Auf der Westküste, 80 engl. Mln. nördlich von Cap Farewell, ist das Binneneis so weit vorgeschoben, dass es von der See aus gesehen wird. Rink, Danish Greenland. pag. 53.

ganz Selbstverständliches, wenn Payer bemerkte, dass in König Wilhelms-Land die grössten Wasserläufe nur fünf deutsche Meilen Längenentwickelung[1]) hatten; mit dieser Thatsache aber den Satz stützen zu wollen, dass lange Erosionsspalten in Ostgrönland fehlen, geht doch nicht an.

Wir nahmen bisher an, dass Payers Untersuchungen das eigentliche Binnenland Grönlands, das mit dem Binneneis bedeckte Haupt- und Centralgebiet, wirklich berührt hätten; möglich ist es ja auch, dass die Halbinseln, die auf der Karte von König Wilhelms-Land eingezeichnet sind, Glieder des Hauptlandes von Grönland, wenn wir so sagen dürfen, sind und dass der Kaiser Franz Josefs-Fjord, der Scoresby-Sund, Davy-Sund u. s. w. nach Art der Eisfjorde von Dänisch Grönland mehr oder weniger tief in dieses Hauptland einschneiden. Weit mehr aber entspricht es den gemachten Beobachtungen, wenn auch nicht alle, so doch viele der hervorspringenden Partien von König Wilhelms-Land, von denen vorläufig nur die Halbinsel-Natur erwiesen ist, als grosse, durch Fjordstrassen von dem Hauptland abgetrennte Inseln aufzufassen. So giebt uns Payer an[2]), dass er von dem Gipfel der 7100 engl. Fuss hohen, seinen Namen führenden Spitze (am südlichen Ufer des Franz Josefs-Fjordes) erkannt habe, dass sich dieser Fjord, vom ö. Küstensaum an gerechnet, bis in's erste Drittel Grönlands verzweige und dass das gleichzeitig zu beobachtende Verschwinden des Landes in sw. Richtung die Vermuthung habe auftauchen lassen, dass der genannte Fjord durch ein grosses Wasserbecken oder eine breite Fjordstrasse mit dem südlich davon gelegenen Scoresby- oder Davy-Sunde in Verbindung stände. Und während ferner bei anderen Fjorden, die nach dem Binnenlande zu einen sichtbaren Abschluss finden, der Salzgehalt des Wassers in Folge der einmündenden Gletscherwasser nach dem Hintergrunde zu abnimmt, zeigte der Franz

---

[1]) Petermanns Mittheilungen. 1871. pag. 121. — Julius Payer: Die österr.-ungar. Nordpol-Exped. pag. 558.

[2]) Petermanns Mittheilungen. 1871. pag. 121. 199.

Josefs-Fjord trotz der starken Zufuhr von Süsswasser keine solche Verringerung seines Salzgehaltes, ein Umstand, der jener Vermuthung eine kräftige Stütze verleiht, da er auf eine den Ausgleich ermöglichende Verbindung des Fjordinneren mit einem Seewasserbecken hindeutet. Ferner liess es die Richtung der Fjorde als möglich erscheinen, dass der n. Arm des Franz Josefs-Fjordes mit dem Tiroler-Fjord[1]), dass der Ardencaple-Inlet mit den in die Bessel- und Dove-Bai einmündenden Fjorden in Verbindung steht[2]).

Der Ausspruch Payer's von dem Fehlen von Längsthälern gilt also höchst wahrscheinlich nur von den vorgelagerten Küsteninseln, und es wäre an sich schon gewagt, mit Payer annehmen zu wollen, dass seine Beobachtung sich ohne Weiteres auf das eigentliche Binnenland bezieht. Fehlen die Längsthäler in der östlichen Hälfte von Grönland aber wirklich, so sagt uns ein Blick auf dessen westliche Hälfte, auf Norwegen, Island u. s. w. dass damit in Bezug auf die Topographie des betreffenden Gebietes noch nicht ausgemacht ist, ob es eine Gruppe von Inseln oder ein zusammenhängendes Landgebiet ist; wir können ferner auch entgegnen, dass es in der Hochgebirgszone, in der Payer verweilte, der enormen Vergletscherung wegen unmöglich gewesen sein dürfte, ein sicheres Urtheil über das Vorhandensein oder Nichtvorhandensein von Längsthälern abzugeben.

Der ganze peripherische Saum von Grönland setzt sich aus verschieden grossen Inseln zusammen; dieser Umstand sowie das von ihm beobachtete Fehlen von Kettengebirgen und Längsthälern in der Richtung nach dem Inneren des Landes zu und die Zerrissenheit und Zusammenhangslosigkeit in der Bergbildung überhaupt, lässt Payer den für die Orographie Grönlands hochwichtigen Satz aussprechen, dass dasselbe nur als ein Complex von Inseln aufzufassen sei[3]). Aus der Eiszeit kennen wir, wie wir

---

1) Petermanns Mittheilungen. 1871. pag. 197. Julius Payer, Oesterr.-ungar. Nordpol-Exped., pag. 638.
2) Petermanns Mittheilungen. 1871. pag. 191. Die zweite Deutsche Nordpolfahrt. 1. Bd. pag. 490.
3) Petermann's Mittheilungen. 1871. pag. 121, 194, 195.

sahen, die Thatsache, dass ein Binneneis Sunde und Meerengen ausfüllen und Inseln dadurch zu einem Ganzen verbinden kann: für das auf unserem Planeten jetzt noch bestehende Binneneis von Grönland liegt also eine solche Erscheinung auch im Bereich der Möglichkeit. Bedenken wir aber, dass nichts dazu berechtigt, die in der Küstenzone ringsum beobachtete Insularität auf den ganzen Raum von Grönland auszudehnen, dass andererseits der Inselreichthum dieser Küste seine natürliche Erklärung darin findet, dass während der einst grösseren Ausbreitung des Binneneises hier wie an anderen gebirgigen Küsten (z. B. Norwegen, Patagonien, Nordwest-Amerika) Fjorde und Fjordstrassen ausgehöhlt und dadurch, theils auch durch spätere positive Niveauschwankung Inseln geschaffen werden mussten, bedenken wir ferner, dass in der Plastik der Küstenzone, d. h. dem Fehlen von Längsthälern und Parallelketten und der Schroffheit und Zerrissenheit der Gebirgserhebung, auch keine Andeutungen auf die Archipel-Natur des Inneren liegen, so müssen wir auch sagen: erwiesen ist es durch die bisherigen Beobachtungen nicht, dass Grönland eine Gruppe von gletscherüberbrückten Inseln ist.

Der ganze Küstensaum auf der Westseite ist von Cap Farewell bis zum nördlichsten bisher erreichten Punkte gebirgiger Natur. In Dänisch Grönland schwankt die Mittelhöhe der Berge zwischen 4000—5000 engl. Fuss 1200—1500 m,[1]); auf der Strecke von 67^0—$68\frac{1}{2}^0$ n. Br. ist das Land am niedrigsten, so dass man daselbst selten Höhen von 600 m antrifft[2]), während sich die grössten Höhen von 2000 m und darüber nördlich der Halbinsel Noursoak, in der Gegend des 71. Breitenkreises, finden[3]). Die ungefähre Mittelhöhe der n. Hälfte des w. Küstengürtels anzugeben, ist wegen der geringen in diesem Gebiete gesammelten Erfahrungen natürlich nicht möglich, so viel

---

1) H. Rink: Danish Greenland. pag. 52, 54.
2) Petermanns Mittheilungen. 1883. pag. 131.
3) Mittheilungen des Ver. f. Erdkunde zu Leipzig: 1876. pag. 34. — Archiv for Mathematik og Naturvidenskab. Kristiania. 1. Bd. 1876. pag. 62.

lässt sich indessen aussprechen, dass jenseits 75⁰ die absolute Erhebung des Landes gegenüber der von Dänisch Grönland abnimmt ¹).

Sehen wir von kleineren Fetzen von jüngeren Sedimentgesteinen ab, so lässt sich sagen, dass diese ganze Gebirgszone geognostisch ein einheitliches Gebiet bildet, da sonst nur noch Granit, Gneiss und Varietäten derselben vorkommen. Schon diese Thatsache gestattet den Schluss zu ziehen, dass Westgrönland, in dem wir heut eine der buchtenreichsten, zersägtesten und zerrissensten Küsten auf unserm Planeten antreffen, einst eine einheitlich zusammenhängende Küstenlinie und ein ebenso einheitliches Küstengebirge besessen haben wird. Gestützt wird dieser Schluss noch dadurch, dass wir deutlich angeben können, durch welche Faktoren und in welcher Weise die jetzigen Verhältnisse aus den ehemaligen entstanden sind; ferner dadurch, dass wir uns schwer vorstellen können, wie eine solche Vielzahl von Inseln, die für ihre Grösse ansehnlich hoch sind, dicht neben einander liegen und nicht um ein gemeinsames Centrum, sondern in eine Reihe geordnet sind, anders als durch die Zerstörung einer ausgedehnten Faltung der Erdkruste entstanden sein können; und endlich dadurch, dass hier an den Küsten der Davis-Strasse und Baffins-Bai die Möglichkeit einer solchen Auffaltung der

---

1) Von der Hayes-Halbinsel heisst es: „Das Land steigt überall unmittelbar zu einer Höhe von 300 bis 1500 engl. Fuss auf [90—450 m]; dieser Steilküste folgt ein mehr oder weniger gebirgiges Land, über dessen Höhe wir freilich nur einige vage Andeutungen haben ... Hayes giebt den fernsten von ihm erreichten Punkt mit 5000 Fuss [1525 m] an." Petermanns Mitth. 1867. pag. 183. — E. K. Kane: The U. S. Grinnell Expedition. pag. 142: In dem Artic Highlands beobachtete Kane Gipfel von 600 m. — E. K. Kane: Arctic Explorations. London und Philadelphia 1856. Bd. 1. pag. 222: Mittl. Höhe des Tafellandes südlich vom Humboldt-Gletscher 275 m; höchster Punkt an der Küste 396 m; nach dem Inneren bis 500 m ansteigend. — Nares, Narrative of a Voyage; 1. Bd. pag. 96: höchster Punkt von Washington-Land 1800 m [soweit der Blick vom Schiffe reichte]; Küste selbst nur 300 m hoch (pag. 105); pag. 111: Cap Tyson und Cap Cleverley an der n. Küste des Petermann-Fjordes 460 m. — Emil Bessels: Die Amerikanische Nordpolexpedition; pag. 265: Wände der Bessels-Bai nicht über 800 m hoch etc. etc.

Erdkruste geboten war, da ja Kammgebirge sich regelmässig längs jetzigen oder früheren Küstenlinien vorfinden. Neben jenen als Homologien oder Homeomorphien bezeichneten Erscheinungen von geringerer Regelmässigkeit ergeben sich bei einer Betrachtung der Morphologie der Festlandsräume nur zwei Gesetze:

1) dass sich die Continente nach N. zu verbreitern, nach S. zuspitzen;

2) dass sich an den steilen Abhang einer Gebirgserhebung Tiefebene oder eine noch grössere Depression, d. h. das Meer, unmittelbar anschliesst, während der andere Abhang, den man allgemein als den continentalen bezeichnen kann, in Gestalt einer Hochebene oder in Gestalt von Bergland sich allmählich herabsenkt. (Vergleiche die Anden in Süd-Amerika, die Cordilleren in Nord-Amerika, die Alpen, den Himalaya, Caucasus, französischen Jura u. s. w.).

Das zweite der angeführten Gesetze lässt uns darauf schliessen, dass sich an das Küstengebirge von Westgrönland[1]) nach der dem Meere abgewendeten Seite eine breitere Zone von Festland, das in unmittelbarer Nähe des Gebirges nicht Tiefebene sein kann, anschliessen muss; eine Betrachtung des Binneneises erhärtet dies Resultat, denn man kann mit Sicherheit annehmen, dass dasselbe in seinen w. Bezirken auf einer Hochebene[2]) oder auf Bergland von niedrigerer Erhebung als das vorgelagerte Küstengebirge aufliegt. In dem w. Gürtel dieses Hochlandes erheben sich die „Nunataks"[3]), jedenfalls durch Circumdenudation entstandene Ueberreste von ö. Seitenzweigen

---

1) Wir sehen jetzt von der während und vor der Eiszeit erfolgten Bildung tiefer Erosionsspalten und der dadurch und durch nacheiszeitliche positive Niveauschwankung hergestellten Auflösung desselben in Inseln und Halbinseln ab.

2) Des Genaueren wird dies später erörtert werden; siehe vorläufig: v. Etzel, Grönland. pag. 89. H. Rink, Danish Greenland. pag. 42. — H. Rink: Om den geographiske Beskaffenhed af de danske Handelsdistrikter i Nordgrönland; pag. 45.

3) Archiv for Mathematik og Naturvidenskab. 1876. 1. Bd. pag. 64. — A. v. Etzel, Grönland. pag. 88.

des Küstengebirges¹), wie es ja auch K. J. V. Steenstrup möglich war, durch Beobachtung des Binneneis-Horizontes mit dem Fernrohr in der Umgebung des Umanaksfjordes nachzuweisen, dass sich sogar ganze Gebirgsrücken unter dem Binneneis vom Küstengebirge aus landeinwärts fortsetzen²).

Was wir hier von Westgrönland ausgeführt haben, gilt auch von Ostgrönland. Allerdings ist hier die Küste von 65° 15' n. Br., bis wohin Graah 1829 vorgedrungen war, bis 69° 13' n. Br., dem südlichsten von Scoresby kartirten Punkte, bisher von keinem Europäer betreten worden; wir können aber nach dem, was uns von den übrigen Küstenstrichen bekannt ist, und nach den in Bezug auf jenes noch unbetretene Gebiet aus der Ferne (so zuletzt von den Hansa-Männern) gemachten Wahrnehmungen aussprechen, dass auch Ostgrönland ein Küstengebirge besitzt, ein Küstengebirge, das in den von der zweiten deutschen Expedition besuchten Breiten mehr als doppelt so grosse Höhen aufweist, als sie in ganz Westgrönland überhaupt vorkommen. Von dieser wenigstens stellenweise beträchtlicheren Erhebung des ostgrönl. Küstengebirges ausgehend, darf man es als möglich hinstellen, dass das Innere Grönlands d. h. das von den beiderseitigen Küstengebirgen umschlossene Gebiet — sei es in Form von Terrassen oder von unregelmässig undulirtem Bergland oder aber in Form einer allmählich und regelmässig ansteigenden Hochebene — im O. ein höheres Niveau einnimmt als im W. Eine glänzende Bestätigung erhält diese Vermuthung durch Beobachtungen über die Natur des grönländischen Binneneises: man weiss, dass die Oberfläche desselben nach O. zu allmählich ansteigt³), und dies muss mit darin begründet sein, dass auch

---

1) Aehnlich dem „Hohenstaufen", dem „Hohenzollern" und anderen Vorbergen der Schwäbischen Alp. — Kaum dürften es vulkanische Kuppen sein.

2) „Meddelelser om Grönland." IV. Bd. 1883. pag. 74, 75. — Die Hundesheimer Berge bei Wien sind solche Ausläufer der Centralkette der Alpen.

3) Archiv for Mathematik og Naturvidenskab. 1876. pag. 64 und 67: Helland beobachtete ein solches Ansteigen von verschiedenen

das Liegende desselben nach O. zu sich erhebt. Ueberhaupt liegt unserer Ansicht nach das Centrum der Vergletscherung Grönlands in der ö. Hochgebirgszone.

Auch von dem Spitzbergen-Archipel, auf dem wie in Grönland granit- und gneissartige Gesteine die Unterlage der jüngeren Sediment-Gesteine bilden, wissen wir, dass die im Durchschnitt 1200 — 2500 Fuss hohen Gebirge vornehmlich an den Küsten auftreten[1]), und wir können ferner

---

hohen Gipfeln des Yderlandes in Dänisch Nordgrönland. Dass. in Quarterly Journal of the Geological Society of London. Jahrgang 1877. pag. 144. Ueberhaupt ist ein solches Ansteigen des Binneneis-Horizontes von allen Bergen des Küstenlandes aus zu beobachten: siehe Petermanns Mittheilungen. 1883. pag. 133. — Anton von Etzel, Grönland. pag. 88. — H. Rink, Danish Greenland. pag. 42. — H. Rink: Om de geografiske Beskaffenhed af de Danske Handelsdistrikter i Nordgrönland; pag. 45. — Geografisk Tidskrift. I. 1877. pag. 115. Von dieser Neigung der Oberfläche des Binneneises konnten sich auch alle Diejenigen überzeugen, welche Vorstösse auf demselben nach O. zu gemacht haben; sehen wir ab von jenen Versuchen, die der grossen Hindernisse wegen schon unfern des Randes ihr Ziel fanden, so ist dieses Emporsteigen auf dreien solcher Reisen constatirt und gemessen worden. — Ueber die Expeditionen von Nordenskiöld aus dem Jahre 1870 und 1883 vergleiche: The arctic Voyages of Adolf Erik Nordenskiöld 1858—1879. London 1879. pag. 158, 159, 166, 167. — A. E. Nordenskiöld: Redogürelse för en Expedition till Grönland År 1870. Stockholm 1871. pag. 24, 34. — Geografisk Tidskrift. VII. 1883—84. pag. 58. — „Ymer". Tidskrift udgiven af svenska Sällskapet för Antropologie och Geografie. 1883. pag. 229 ff. Die von dem Mitglied der Expedition, Herrn C. J. O. Kjellström entworfene Karte. — In Bezug auf die Expedition von Lieutenant Jensen aus dem Jahre 1878 siehe: Petermanns Mittheilungen. 1880. pag. 103 und 104. Dass ein Binneneis vom Rande nach dem Centrum zu an Mächtigkeit zunehmen und folglich nach dem Ausgangspunkt der Vergletscherung hin ansteigen muss, ist von James Croll auch auf dem Wege theoretischer Betrachtungen gefunden worden; siehe „Climate and Time", pag. 374 und „On the Thickness of the antarctic ice and its relations to that of the glacial Epoch." London 1879; pag. 24. — Schliesslich wäre noch hervorzuheben, dass es durch mannigfaltige Beobachtungen unzweifelhaft festgestellt ist, dass auch das skandinavische und das alpine Binneneis vom Centrum nach dem Rande zu sich herabsenkten.

1) M. Th. v. Heuglin: Reisen nach dem Nordpolarmeer in den Jahren 1870 und 1871. Braunschweig 1872. III. Bd. pag. 339. Petermanns Mittheilungen. 1861. pag. 50: An der Westküste von Gross-Spitzbergen Gipfel von 5000 Fuss.

aus den Angaben der Schwedischen Expeditionen über die Höhe des Binneneises in Gross-Spitzbergen, in Nordostland, in Barents-Land und Stans Foreland den Schluss ziehen, dass auch auf jeder dieser Inseln das Binneneis auf einer niedrigeren Fläche aufliegt als die mittlere Höhe der peripheripherischen Gebirgszone angiebt.

Die Beobachtung eines Küstengebirges im W. wie im O. Grönlands[1] und das mit Sicherheit zu erschliessende Vorhandensein von sich nach dem Inneren des Landes an diese beiden Küstengebirge anschliessenden Hochebenen oder vielleicht auch welligem Bergland[2] berechtigt zu der Annahme, dass an dieser Stelle unseres Planeten eine zusammenhängende Festlandsscholle vorhanden sein muss oder doch wenigstens vorhanden gewesen sein muss. Ziehen wir nun noch in Erwägung, dass den überwiegenden Hauptantheil von den anstehenden Gesteinen im O. wie im W. Urgesteine, d. h. also Gesteine von demselben Alter und derselben petrographischen Beschaffenheit, bilden, so wird jene Annahme zu einem über allen Zweifel erhabenen Faktum. Wir haben in Grönland eine uralte Festlandsscholle vor uns, ähnlich wie in Südafrika oder im Südwesten von Australien, an die sich im Laufe der Entwickelung unserer Erdoberfläche anscheinend nur im N. jüngere Gebilde angegliedert oder aufgesetzt haben. Diese sich schon frühzeitig über das Niveau des Meeresspiegels erhebende Insel wurde Zusammenfaltungen und Zusammenschrumpfungen unterworfen, und in gesetzmässiger Uebereinstimmung mit den topographischen Verhältnissen anderer Erdgegenden finden wir auch hier die Hauptfalt-

---

[1] Die Richtung derselben stimmt überein mit der in der Neuen Welt herrschenden Nord-Süd-Richtung der Kettengebirge.

[2] Dass die von uns in dieser Beziehung angestellten Ueberlegungen richtig sind, ist durch die Erfahrungen Nordenskiölds, der im Jahre 1883 unter 68° Br. bis in das Herz Grönlands vordrang, dargethan: „Nordenskiöld selbst hebt hervor, dass er in Uebereinstimmung mit dem Programm der Expedition diejenige Form des Landes gefunden hat, welche eine nothwendige Bedingung für die Bildung eines Binneises ist: nämlich ein Bergland, welches langsam und regelmässig nach dem Meere zu abfällt." Geografisk Tidskrift. VII. 1883—84. pag. 59.

ungen an den Meeresküsten[1]), den Steilabfall derselben nach dem Meere zu, einen allmählichen Abfall, jedenfalls in Form von Hochebene, nach der dem Meere abgewendeten Seite.

Die Möglichkeit ist nun nicht ausgeschlossen, dass eine Erdscholle von der eben skizzirten Topographie durch eintretende positive Niveauschwankung sowie durch präglaciale und glaciale Erosion und Denudation in einen Archipel von Inseln aufgelöst werden kann; da es aber noch an Beobachtungen fehlt, welche mit Sicherheit auf solche Veränderung schliessen lassen, dürfte es sich empfehlen, Grönland jetzt noch als zusammenhängende Landmasse hinzustellen.

Erfreulich ist es für uns, zu sehen, wie Amund Helland, der von ganz anderen Gesichtspunkten ausgeht, zu derselben Ansicht gelangt, die wir eben als das Resultat unserer Untersuchung hinstellen konnten. Helland knüpft an das Auftreten der Fjorde an und führt Folgendes aus: „Ueber die Konfiguration des inneren Landes kann man nur auf dem Wege des Analogieschlusses ein wahrscheinliches Resultat erzielen. Selbst bei den neuesten Polarreisenden, die Grönlands Küsten gesehen haben, findet man es ausgesprochen, dass Grönland nur ein Aggregat von Inseln sei; die zwischenliegenden Sunde seien mit Eis ausgefüllt, so dass das Ganze den Eindruck eines Festlandes mache[2]). Ein solcher Gedanke steht aber in entschiedenem Widerspruch mit der Art und Weise, wie die Fjorde überall auf unserem Planeten auftreten. Grönland ist ein ebenso

---

1) Wir wollen nicht unterlassen, darauf hinzuweissen, dass Vorderindien, welches im Wesentlichen eine Gneissplatte zu sein scheint, ein striktes Analogon auch zu der vertikalen Gliederung Grönlands darbietet: wie von Cap Farvel so begleitet auch vom Cap Comorin aus ein Gebirge die Ost- und die Westküste nach N., während das Innere von einem einseitig sich absenkenden niedrigeren Plateau eingenommen wird.

2) Zu dieser Ansicht neigen ausser Julius von Payer und Dr. Robert Brown auch Professor Dr. Laube (Sitzungsberichte — Wien; math.-naturw. Klasse. 68. Bd., 1. Abthlg. 1874 pag. 42) und Josef Chavanne in Wien (Petermanns Mittheilungen. 1874. pag. 391).

ausgeprägtes Fjordenland wie die Westküste von Norwegen oder die Westküste von Nordamerika. Will man sich nun eine Meinung über die Konfiguration des mit Eis bedeckten Theiles von Grönland bilden, so gibt es kein anderes Mittel, als die Fjordbildungen in denjenigen Ländern zu studiren, die nicht mehr mit Eis bedeckt sind. Es fällt dabei in die Augen, dass grosse, tiefe und typisch ausgeprägte Fjorde nicht wie Sunde quer durch das Land setzen, sondern dass sie sich nach dem Inneren des Landes zu verzweigen, als Fjorde aufhören und als Fjordthäler fortsetzen, bis sie sich allmählich ganz verlieren. Ist man aber zu der Erkenntniss gekommen, dass das, was man Fjord nennt, eine eigenthümliche geologische Bildung von derselben Art in Norwegen wie in Grönland ist[1]), so muss ihr Auftreten in beiden Ländern im grossen Ganzen dasselbe sein, und es gehört eben mit zu der Eigenthümlichkeit der Fjorde, dass sie nach dem Inneren des Landes zu sich in Thäler verzweigen und allmählich aufhören. Es scheint also höchst wahrscheinlich, dass die grönländischen Fjorde, wenn sie plötzlich eisfrei würden, wie die Fjorde an anderen Stellen unseres Planeten auftreten würden; sie würden kürzere oder längere Strecken in das Land eindringen, dann in Thäler übergehen und sich allmählich ganz verlieren. Grönland kann also kein Complex von Inseln sein, sondern ist gleich wie Norwegen ein zusammenhängendes Land, aus dem zahlreiche Fjorde dicht bei einander hervortreten, ohne dass sie jedoch das Land in Inseln zertheilten[2])."

Diese Worte Amund Hellands bedürfen weiter keiner Erläuterung; wir können also nicht nur aus den Gebirgserhebungen des Küsten- und Binnenlandes und dem petrographischen Charakter der eisfreien Landestheile darauf schliessen, dass das grönländische Gebiet in geologischer Vorzeit einmal eine zusammenhängende Festlandsinsel ge-

---

1) Vergleiche dazu auch: Archiv for Mathematik og Naturvidenskab. 1876. pag. 60 und 63; 1877, pag. 428. — Petermanns Mittheilungen. 1883. pag. 389. — Sitzungsberichte — Wien; math.-naturwiss. Klasse. 68. Bd. 1. Abthlg. 1874. pag. 34.

2) Archiv for Mathematik og Naturvidenskab; 1876. pag. 69, 70.

bildet haben muss, wir wissen auch, dass keine der bisher gemachten Beobachtungen es auch nur als Vermuthung aussprechen lässt, dass unter dem Einflusse präglacialer und glacialer Erosion und Denudation und positiver Niveauschwankung dieses geschlossene Landgebiet in eine Reihe von Inseln aufgelöst sei, ja das Vorkommen von Fjorden an der Ost- wie an der Westküste ist sogar ein direkter und sicherer Hinweis darauf, dass ihr Hinterland kein Archipel sein kann.

Vita.

Carolus Maximilianus Krahmer natus sum a. d. XXIV. Kal. Mart. anni h. s. LXI Halis Saxonum patre Friderico, matre Friderica a gente Gottschalk, quos morte absumptos esse acerbissime doleo. Fidem profiteor evangelicam. Primis litterarum elementis instructus ineunte vere anni h. s. LXXII in gymnasium reale primi ordinis Halense, quod illis temporibus sub auspiciis doctissimi viri Guilelmi Schrader florebat, receptus sum, quod frequentavi novem per annos. Ineunte enim vere anni h. s. LXXXI, maturitatis testimonium adeptus et numero civium academiae Halensi cum Vitebergensi consociatae ascriptus per quater sex menses studiis geographicis dedi. Deinde per sex menses in academia Lipsiensi, idem per tempus in academia Monacensi simulque in academia technica Bavariensi, per sex menses in academia Berolinensi, per bis sex menses iterum in academia Halensi in studia geographica maxime incubui. Hos autem per annos scholis interfui Halis virorum illustrium Brauns, Droysen, Duemmler, Elster, Ewald, de Fritsch, Grenacher, Haym, Kirchhoff, Lehmann, Luedecke, Neumann, Schum, Solger, Taschenberg, Lipsiae virr. ill. Carus, Hahn, Rauber, de Richthofen, Roscher, Monachii Dingler, Penck, Ranke, de Ammon, Harz, Lang, Ratzel, Berolini virr. ill. Bastian, Böckh, Dames, Kiepert, Mueller, Zeller. Praeterea quinquies per sex menses Halis interfui exercitationibus geographicis, quas moderabatur vir ill. Kirchhoff, Lipsiae per sex menses colloquiis geographicis viri ill. de Richthofen, itemque exercitationibus societatis geographicae quibus praeerat Hahn, Monachii denique exercitationibus chartographicis a Penck institutis.

Quibus viris omnibus, qui benevole studia mea rexerunt, gratias ago quam maximas semperque agam.

Thesen.

I.
Nach den neuesten Forschungen über die Landeskunde der Polarländer ist der Schluss berechtigt, dass das Klima des südlichen Theiles von Grönland innerhalb der historischen Zeit herabgedrückt worden ist.

II.
Fjorde im eigentlichen Sinne können sich nur im Bereiche eiszeitlicher Vergletscherung bilden.

III.
Das Resultat der Preisschrift Heinrich Peter von Eggers' „Ueber die wahre Lage des alten Ostgrönlands" (Kiel 1794), dass auch die Ostbygd der alten Normannen westlich vom Cap Farvel gelegen habe, ist noch nicht als umgestossen zu betrachten.